MARCO POLO

O
ITALIE
NISCHE
SEEN

LAGO MAGGIORE
LUGANER SEE COMER SEE

MARCO POLO KOAUTOR
Omar Gisler

Seine Frau ist Tessinerin und seine beiden Kinder sind in Mendrisio zur Welt gekommen: Für Omar Gisler sind Reisen über den Gotthard immer mit vielen Erinnerungen verbunden. Zumal er lange Zeit als Korrespondent für verschiedene Medien aus dem italienisch-schweizerischen Seengebiet berichtete und fünf Jahre lang für den Tessiner Tourismusverband tätig war.

DIE TOUREN-APP

zu den Erlebnistouren zeigt, wo's langgeht: inklusive Tourenverlauf und Offline-Karte

EVENTS & NEWS

Schnell die wichtigsten Infos auf dem Smartphone: Events, News, neue Insider-Tipps und ggf. aktualisierte Erlebnistouren als PDF zum Downloaden

HOLEN SIE MEHR AUS IHREM MARCO POLO RAUS!

SO EINFACH GEHT'S!

1 go.marcopolo.de/ois

2 downloaden und entdecken

GO!

OFFLINE!

SYMBOLE

- INSIDER TIPP Insider-Tipp
- ★ Highlight
- ●●●● Best of ...
- Schöne Aussicht
- Grün & fair: für ökologische oder faire Aspekte
- (*) kostenpflichtige Telefonnummer

PREISKATEGORIEN HOTELS

€€€	über 200 Euro
€€	100–200 Euro
€	unter 100 Euro

Preise für zwei Personen im Doppelzimmer inklusive Frühstück in der Hauptsaison

PREISKATEGORIEN RESTAURANTS

€€€	über 40 Euro
€€	20–40 Euro
€	unter 20 Euro

Preise für ein für das jeweilige Lokal typisches Hauptgericht

GUT ZU WISSEN

Geschichtstabelle → S. 14
Spezialitäten → S. 28
Per „U-Bahn" von See zu See → S. 61
Viele Seen, zwei Staaten → S. 64
Exvotos: Gott sei Dank! → S. 71
Lesehunger & Augenfutter → S. 72
Feiertage → S. 117
Währungsrechner → S. 121
Was kostet wie viel? → S. 123
Wetter → S. 124

KARTEN IM BAND
(132 A1) Seitenzahlen und Koordinaten verweisen auf den Reiseatlas
(0) Ort/Adresse liegt außerhalb des Kartenausschnitts
Es sind auch die Objekte mit Koordinaten versehen, die nicht im Reiseatlas stehen

Karten zu Como, Lecco, Locarno und Lugano finden Sie im hinteren Umschlag

(🗺 A–B 2–3) verweist auf die herausnehmbare Faltkarte

UMSCHLAG VORN:
Die wichtigsten Highlights

UMSCHLAG HINTEN:
Karten zu Como, Lecco, Locarno und Lugano

Die besten MARCO POLO Insider-Tipps

Von allen Insider-Tipps finden Sie hier die 15 besten

INSIDER TIPP Auf der Himmelsleiter in die Totenstadt

700 Stufen gilt es beim Aufstieg zum *Friedhof von Morcote* zu überwinden. Die Mühe lohnt sich: Bei der Aussicht wähnt man sich im siebten Himmel → S. 67

INSIDER TIPP Wandern in der Wildnis

Nach Jahrhunderten intensiver Nutzung hat sich der Mensch nach dem Zweiten Weltkrieg fast vollständig aus der *Val Grande* zurückgezogen und der Natur das Zepter wieder überlassen. Geblieben sind alte Wege und romantische Alphütten in einer grandiosen Landschaft → S. 55

INSIDER TIPP Wie in der Toskana

Zahlreiche Künstler aus der Toskana folgten während der Renaissance dem Ruf von Kardinal Branda Castiglioni. Sie schmückten dessen Heimatort *Castiglione Olona* mit Kirchen, Palazzi, Statuen und Fresken – das Städtchen wird seither als toskanische Insel in der Lombardei bezeichnet (Foto o.) → S. 94

INSIDER TIPP Prachtvoll barock

Die Wallfahrtskirche *Santa Maria d'Ongero* steht auf einer Waldlichtung auf der Halbinsel San Salvatore. Hermann Hesse war begeistert von dem Ausblick, den man von dort auf die Alpen genießt: „Schöneres als dies gibt es nicht!" → S. 65

INSIDER TIPP Paradies für Surfer und Segler

Im ehemaligen Fischerdorf *Domaso* am Comer See kommt am späten Vormittag der Südwind Breva auf und sorgt für hervorragende Windsurf-, Kitesurf- und Segelbedingungen (Foto re.) → S. 110

INSIDER TIPP Der Berg der Saurier

Berge wie Pyramiden, tiefblaue Seearme, malerische Dörfer: Die Landschaft um den *Monte San Giorgio* würde das Label Unesco-Welterbe schon aufgrund ihrer Schönheit verdienen. Einzigartig machen sie jedoch die im Untergrund verborgenen Schätze: bis zu 230 Mio. Jahre alte Fossilien → S. 71

INSIDER TIPP Eine runde Sache

Der 27 km lange *Radweg* rund um den Lago di Varese verläuft ohne Steigung. Wer trotzdem ins Schwitzen kommt, kann sich im See abkühlen → S. 104

INSIDER TIPP Eine ganze Straße voller Grotti

Ganz den Gaumenfreuden können Sie sich in Mendrisios verträumter Via alle Cantine hingeben, z. B. im *Grotto Bundi* → S. 70

INSIDER TIPP Das unbekannte Genie

Innocente Salvini gilt als der „Van Gogh von *Cocquio Trevisago*". In einer alten Mühle in seinem Geburtsort können die Werke des expressionistischen Malers besichtigt werden → S. 94

INSIDER TIPP Der Geist der Utopie

Der *Monte Verità* oberhalb von Ascona gilt als Wiege der Alternativkultur: Im frühen 20. Jh. trafen sich hier Weltverbesserer, Künstler und Exzentriker → S. 34

INSIDER TIPP Ab ins Kloster!

Der Antiquar Giampiero Molteni und seine Töchter haben das Kloster *Sant'Antonio* in Como in ein stilvolles B & B umgewandelt → S. 83

INSIDER TIPP Tal der Aussteiger

Das *Onsernonetal* im Hinterland des Lago Maggiore ist ein abgeschiedenes Fleckchen Erde für Dichter und Zivilisationsflüchter → S. 47

INSIDER TIPP Eine romantische Literatour

Auf dem *Manzoni-Weg* in Lecco erleben Sie auf Schritt und Tritt Weltliteratur. Der ideale Bildungsweg für Lesemuffel → S. 85

INSIDER TIPP Geschmackssache

Risotto mit Honig: Wie lecker das schmeckt, erfahren Sie im Ristorante *Le Volte* in Intra → S. 54

INSIDER TIPP Das vergessene Tal

In der *Valle d'Intelvi* hoch über dem Luganer See kommt Schmugglerromantik auf → S. 93

BEST OF ...

TOLLE ORTE ZUM NULLTARIF

Neues entdecken und den Geldbeutel schonen

SPAREN

● ***Kostenlose Stadtführungen***

Lugano fasziniert durch seine Gegensätze: Moderne Architektur und uralte Kirchen, Banken und Bioläden, Parks und Parkhäuser bilden einen bunten Mix. Einen guten Eindruck vermitteln die *kostenlosen Stadtführungen,* die der Fremdenverkehrsverein organisiert → S. 62

● ***Besser als das Original***

12 Euro kostet Sie die Besichtigung von Leonardo da Vincis berühmtem Fresko „Das Abendmahl" in der Mailänder Kirche Santa Maria delle Grazie. In Ponte Capriasca bei Lugano finden Sie eine *Kopie des Meisterwerks,* die viele sogar eindrucksvoller finden als das Original. Der Zutritt ist gratis und Warteschlangen gibt es auch keine! → S. 68

● ***Kostenloser Badespaß***

Die rundgeschliffenen Felsbrocken, die aus dem Wasser der Maggia ragen, sind ideal für einen Sprung in den kühlen Bergbach, der zwischen Ascona und Locarno in den Lago Maggiore mündet. Und anders als in vielen Strandbädern an den Seen ist der Zutritt zu sämtlichen *Badeplätzen an der Maggia* frei (Foto) → S. 46

● ***Ein Kloster hoch überm See***

Das Eremitenkloster *Santa Caterina del Sasso* südlich von Laveno ist eines der Wahrzeichen des Lago Maggiore. Für Besucher stehen die Pforten seit Jahrhunderten ohne Eintritt offen. Aber seien Sie so nett und werfen Sie eine Spende in den Opferstock! → S. 40

● ***Ein malerisches Dorf im Wortsinn***

Zeitgenössische Künstler haben die Hausfassaden im Dorf *Arcumeggia* verziert. So wird Ihnen gratis das Who's who der modernen italienischen Kunst vor Augen geführt → S. 40

● ***Vorbild Schönbrunn***

Der *Palazzo Estense* in Varese dient als Rathaus. Öffentlich – und kostenlos – zugänglich ist der Park, der nach dem Vorbild der Gärten von Schloss Schönbrunn in Wien entstand → S. 95

●●●● Diese Punkte zeichnen in den folgenden Kapiteln die Bestof-Hinweise aus

TYPISCH OBERITALIENISCHE SEEN

Das erleben Sie nur hier

Schöne Insel

Die *Isola Bella* im Lago Maggiore macht ihrem Namen Ehre – und galt einst sogar als Weltwunder: Graf Carlo Borromeo III. ließ im 17. Jh. auf dem ursprünglich felsigen Eiland einen Palast und einen Park errichten, der an die hängenden Gärten von Babylon erinnern soll → S. 51

Ein Garten Eden am Comer See

Gibt es ein irdisches Paradies? Nach dem Besuch des Parks der *Villa Carlotta* am Ufer des Lago di Como werden Sie diese Frage mit Ja beantworten! (Foto) → S. 93

Glaubensbekenntnis aus Stein

Roms Antwort auf den aufkommenden Protestantismus gehört heute zum Unesco-Weltkulturerbe. Der Aufstieg auf dem Pilgerweg zum *Sacro Monte von Varese* ist eindrucksvoll – und die Aussicht ist schlicht himmlisch → S. 94

Buntes Markttreiben

In *Luino* am Lago Maggiore herrscht seit über 500 Jahren am Mittwoch Marktwirtschaft pur: An bunten Ständen bieten Händler ihre Ware feil. Wetten, dass auch Sie nicht mit leeren Händen zurückkehren?! → S. 42

Dorfidyllen

Corenno Plinio ist einer der malerischsten Orte am Comer See. Sehenswert sind die imposante Burg, die verwinkelten Gassen des Dorfs und der romantische Fischerhafen → S. 88

Seidenweberei

Die Seidenproduktion hat in Como eine lange Tradition. Während das historische Erbe im *Museo Didattico della Seta* aufbewahrt wird, verkaufen zahlreiche Geschäfte in der Altstadt modische Accessoires wie Seidenkrawatten und -schals → S. 80

Buon appetito!

Man ist, was man isst – im Fall der italienischen Küche kann das nur bedeuten: mit sich und der Welt zufrieden. Ein gutes Beispiel dafür ist das Ristorante *Silvio* in Bellagio, das seit fünf Generationen von der Familie Ponzini geführt wird → S. 78

TYPISCH

BEST OF ...

SCHÖN, AUCH WENN ES REGNET

Aktivitäten, die Laune machen

REGEN

● *Paradies für Schnäppchenjäger*

Sagenhafte 160 Fabrikläden aus der Mode-, Sportartikel-, Textil- und Lederbranche locken im *Outletcenter Foxtown* in Mendrisio mit zum Teil erheblichen Preisnachlässen → S. 73

● *Wohlige Wärme*

Im 34 Grad warmen Thermalbecken und im Wellnessbereich des *Lidos von Locarno* fühlen Sie sich umso wohler, je heftiger es draußen vom Himmel schüttet → S. 46

● *Ein Kino, bei dem das Auge mitisst*

Der Stummfilm *Ticino Experience* lässt einem unweigerlich das Wasser im Mund zusammenlaufen: Während die Hauptdarsteller neue Köstlichkeiten aufspüren, genießen Sie die Delikatessen, die Sie zeitgleich auf der Leinwand sehen → S. 35

● *Auf den Spuren von Alessandro Volta*

Auf den Spuren des Physikers lässt es sich in Como auch bei schlechtem Wetter bestens wandeln, denn die meisten Schauplätze, die an den Erfinder der Batterie erinnern, befinden sich im Trockenen → S. 81

● *Puppen- und Spielzeugmuseum*

Die *Rocca Borromeo* in Angera trotzt seit Jahrhunderten Wind und Wetter. Hinter dicken Mauern ist ein Puppen- und Spielzeugmuseum untergebracht, was den Besuch der Burg für Familien doppelt interessant macht (Foto) → S. 40

● *Gut beschirmt*

Wenn das kein Schlechtwettertipp ist: Bis Sie im *Schirmmuseum* in Gignese bei Stresa die mehr als 1000 Einzelstücke und die alte Werkstatt besichtigt haben, scheint draußen bestimmt schon wieder die Sonne! → S. 51

ENTSPANNT ZURÜCKLEHNEN

Durchatmen, genießen und verwöhnen lassen

● *Operngenuss fast wie in der Scala*

(Ent-)spannender Kulturgenuss: Das *Teatro Sociale* in Como bietet großartige Theater- und Opernerlebnisse, wenn Werke von italienischen Meistern wie Verdi, Puccini oder Rossini aufgeführt werden → S. 82

● *Dolce Vita mit Seeblick*

Wenn Ihnen der Kellner auf der Terrasse des *Grand Hôtel des Iles Borromées* in Stresa an einem Sommerabend einen kühlen Drink serviert, wissen Sie definitiv, was der Begriff Dolce Vita bedeutet → S. 49

● *Großes Kino im Wellengang*

Bei einer relaxten *Schifffahrt* von Como nach Bellagio ziehen die Villen der Schönen und Reichen an Ihnen vorüber – eine prächtiger als die andere → S. 124

● *Seilbahnfahrt und Fußmassage*

Eine gläserne Seilbahn bringt Sie bequem auf Locarnos Hausberg *Cardada.* Dort können Sie nicht nur die phantastische Aussicht genießen, sondern sich auf dem Reflexzonenpfad auch die Füße massieren → S. 112

● *Der Star ist die Piazza*

Filmvorführungen, Konzerte oder Shows von Straßenkünstlern: An lauen Sommerabenden ist auf der *Piazza Grande* (Foto) in Locarno immer etwas los. Genießen Sie das bunte Treiben bei einem Drink in einem Straßencafé → S. 116, 117

● *Logenplatz über dem Comer See*

Das *Castello di Vezio* hoch über Varenna ist ein wunderbarer Logenplatz. Bei klarem Wetter genießen Sie von der Burg einen überwältigenden Blick auf alle drei Arme des Sees → S. 89

● *Lachmuskelmassage*

Lachen entspannt: Der *Clown Dimitri* hat schon Generationen von Zuschauern zum Lachen gebracht. Im Theater in Verscio sorgen seine Erben das ganze Jahr über für beste Unterhaltung → S. 48

AUFTAKT

ENTDECKEN SIE DIE OBERITALIENISCHEN SEEN!

Eine leichte Brise streicht über die Wasserfläche, wiegt sanft die Palmen am Ufer des Sees, eine erschreckte Eidechse verschwindet zwischen den warmen Steinen der Gartenmauer. Strahlend blau leuchtet der Himmel, glasklar zeichnen sich die Umrisse der gerade noch schneebedeckten Alpengipfel gegen ihn ab. Grünes, rebenbestandenes Hügelland liegt vor ihnen im Sonnenlicht. Alpine Frische und mediterrane Milde, Berghütten und ***aristokratische Villen***: Wenn sich Norden und Süden mischen, entsteht eine unvergleichliche Stimmung, der sich kein Reisender entziehen kann. „Das geheimnisvolle Vorzimmer des Südens" nennt der 1940 geborene Tessiner Schriftsteller Alberto Nessi die Seenlandschaft am Ausgang der Alpen zwischen der Schweiz und Italien. Es ist eine Landschaft, wo bereits Zitronen blühen.

Wie ist sie entstanden? Mit einem unglaublichen Getöse. Vor rund 130 Mio. Jahren schob sich die afrikanische Kontinentalplatte an dieser Stelle teilweise gegen, teilweise über die europäische. Vulkanausbrüche kamen hinzu, die Erde faltete sich – und die Alpen waren geboren. Die Zeit verging, mehre Klimawechsel folgten, mal plätscherte das Meer bis an den Alpenrand, dann schoben sich Gletscher gen Süden, schufen Täler, Flüsse und Seen. Ihre ***wärmespeichernden Wassermassen*** erzeugten

Bild: Comer See bei Tremezzo

Auf der Spitze einer Halbinsel schiebt sich Morcote in den Luganer See

bei geschützter Lage schließlich ein Mikroklima, das teilweise ***subtropische Vegetation*** ermöglicht und Palmwedel neben Eichenlaub wachsen lässt.

Die milden Winter und die warmen, aber nicht drückend heißen Sommer haben die Gegend schon früh zu einem beliebten Rückzugsgebiet der Mailänder Aristokratie gemacht. Die Adels- und Industriellenfamilien bauten an den Seeufern prächtige Villen und ***üppige Parkanlagen***, die sich neben den Fischerdörfern mit ihren engen, verwinkelten Gassen harmonisch ins Landschaftsbild einfügten. Vor dem Einsetzen des Tourismus war das Leben an den Seen mühsam und hart. Verkehrswege und größere Ansiedlungen gab es nur in den flachen, südlichen Regionen der Voralpen. Die nördlichen, bergigen Gebiete waren oft völlig unerschlossen und nur auf dem Seeweg erreichbar.

Die zahlreichen ***Burgen und Befestigungen*** zeugen von der strategischen Wichtigkeit der Gegend. Die Alpenpässe, die von den Römern passierbar gemacht worden waren, bildeten die Nähte, die das von der Ostsee bis nach Sizilien reichende deutsche Kaiserreich zusammenhielten. Die Kaiser kamen meist über den Lukmanier- oder den Splügenpass und stiegen dann auf dem Seeweg über den Lago Maggiore oder den Comer See zur

500 v. Chr.
Keltische Insubrer dringen von Norden ein, vermischen sich mit der Urbevölkerung

300 v. Chr.
Die Römer beginnen mit der Eroberung der Alpenpässe

350 n. Chr.
Christianisierung

6.–11. Jh.
Langobarden besiedeln das Gebiet. Die Franken zerstören das Langobardenreich

12.–15. Jh.
Lega Lombarda schlägt den deutschen Kaiser Barbarossa. Adelsfamilien (Visconti, Sforza) kommen an die Macht

1521
Tessin wird Teil der Schweiz

Poebene hinab. Und über den Fluss Ticino, den Lago Maggiore und ein weit verzweigtes Kanalsystem, die Navigli, wurden Mailand und die größeren Orte der Ebene mit Holz und Baumaterialien versorgt. Den ***Marmor*** für den Mailänder Dom haben viele fleißige Hände auf diesem Weg von den Steinbrüchen des Tessins in die lombardische Metropole transportiert.

Üppige exotische Blütenpracht ist allgegenwärtig in den Villenparks

Die Wasserkraft begünstigte auch die Industrialisierung: Glasbläser am lombardischen Ufer des Lago Maggiore, Färbereien am Ortasee, Lederverarbeitung bei Varese, Textilfabriken rund um Como. Gleichzeitig entstanden an den Seeufern die Villen der Aristokraten und ***Luxushotels***. Der Lago Maggiore, der Luganer See und der Comer See erlebten ihre Blütezeit, als man mit Kutsche und Hutschachteln anreiste, die Damen mit Sonnenschirm im Rüschenkleid über die Seepromenade flanierten und Briefe noch mit Feder und Tinte geschrieben wurden. Mitte des 18. bis Anfang des 20. Jhs. galten die Oberitalienischen Seen als bevorzugte Reiseziele der Oberschicht.

Eine leichte Brise wiegt sanft die Palmen am Seeufer

In ihrem Schlepptau folgten ***Künstler und Intellektuelle***, die hier ihre Italiensehnsucht stillten – und die Gegend in ganz Europa bekannt machten. Der Dadaist Hugo Ball sah im Tessin „eine Art Neuguinea und Honolulu", auf alle Fälle etwas Exotisches, der französische Schriftsteller Stendhal verglich den Lago Maggiore mit dem Golf von Neapel. Der Comer See brauchte gar nicht erst besungen zu werden: Dies hatte 1827 bereits der italienische Schriftsteller ***Alessandro Manzoni*** in seinem Roman „Die Brautleute" getan, dessen ersten Satz bis heute jeder italienische Gymnasiast im Schlaf aufsagen kann: *Su quel ramo del*

18./19. Jh. Spanien, Frankreich und Österreich herrschen über Oberitalien. Ab 1848 kämpft die italienische Einigungsbewegung („Risorgimento") für die Unabhängigkeit. 1861 entsteht das Königreich Italien

1941–45 Italien im Zweiten Weltkrieg

1946 Nach einem Volksentscheid wird Italien Republik

1980 Mit der Eröffnung des Autobahntunnels durch den Gotthard verkürzt sich die Anreise an die Seen erheblich

2016 Inbetriebnahme des 57 km langen Gotthard-Basistunnels

lago di Como ... („An jenem Arm des Comer Sees ..."). Während Manzoni am Comer See den vielleicht wichtigsten Roman der italienischen Literaturgeschichte verfasste, entstand ein Jahrhundert später einige Kilometer westlich ***deutsche Weltliteratur***: Auf ausgedehnten Spaziergängen oberhalb des Luganer Sees holte sich Hermann Hesse ab 1919 die Inspiration für Werke wie „Siddhartha", „Der Steppenwolf" oder „Narziss und Goldmund", die ihm den Nobelpreis einbrachten und ihn zum meistgelesenen deutschsprachigen Autor machten.

Ab der Mitte des 20. Jhs. machte dann das Wirtschaftswunder, das einen Ausbau des Straßennetzes und die Massenmobilisierung mit sich brachte, die Oberitalienischen Seen zu einem gut erreichbaren ***Urlaubsparadies*** nicht mehr nur für Begüterte. Ascona beispielsweise war zeitweise derart in Mode, dass Opel sogar ein Auto nach dem Ort am Lago Maggiore benannte.

Der Bau des 1980 eröffneten Autobahntunnels durch den Gotthard leitete paradoxerweise die Kehrtwende ein. In derselben Zeit, in der man früher von der Alpennordseite aus an die Oberitalienischen Seen gelangte, konnte man nun ans Mittelmeer fahren. Die Zahl der Übernachtungen in den Hotels der Region nahm seitdem kontinuierlich ab. Verstärkt wurde dieser Trend durch die Billigflieger, die ehemals exotische Destinationen wie Mallorca, Ägypten oder die Türkei dem Massentourismus erschlossen. Gleichzeitig kam es zu einer städtebaulichen Entwicklung, die rund um die urbanen Zentren Lugano, Como und Varese weitgehend planlos verlief. Die Metropole Mailand wuchs zusehends mit der Region um Lago Maggiore, Luganer und Comer See zusammen. Heute leben in dieser Gegend mehr als 2 Mio. Menschen – die gut betuchten Rentner aus Zürich, Basel und Stuttgart nicht mitgezählt, die mit dem Bau von ***Ferienhäusern*** und Alterssitzen einen wesentlichen Beitrag zur Zersiedelung der Landschaft leisteten.

Ein mildes Mikroklima, das eine subtropische Vegetation ermöglicht

Zum Glück ist Raum geblieben, wo man sich einrichten, sich wohl fühlen und etwas erleben kann. Niemand zelebriert dies öffentlichkeitswirksamer als Hollywoodstar George Clooney, der 2003 eine Villa am Ufer des Comer Sees erwarb. Auf einmal war der ***Italian Way of Life*** wieder in. Wenn Clooney auf seinem Motorboot über den See rauscht, auf einer Harley Davidson die gewundenen Bergstraßen hochkurvt oder in weiblicher Begleitung in einem romantischen Lokal die italienische Küche genießt, werden diese ***Dolce-Vita-Momente*** oft genug von Paparazzi eingefangen und um die Welt geschickt.

Es sind Bilder zum Träumen. Denn noch immer ist die Gegend wie für den Urlaub geschaffen. Im ***Straßencafé an der Uferpromenade***, beim Spaziergang durch einen Park mit exotischen Pflanzen, beim Wandern durch ***Kastanienwälder*** oder beim Surfen mit dem Nordwind im Rücken fällt es einem ebenso leicht, den Alltag hinter sich zu lassen, wie beim gemütlichen Bummel durch die kleinen Städte mit ihren ***bunten Marktständen***, den noblen Palazzi, den verlockenden Auslagen der Geschäf-

Schicke Loungebars haben frischen Wind an Asconas altehrwürdige Uferpromenade geweht

te und den stilvollen Restaurants. Dieselbe ***Leichtigkeit des Seins*** spüren Sie auf einer Fahrt mit dem Linienschiff auf dem Lago Maggiore, mit der Centovallibahn durch das Tal der Hundert Täler oder beim Aufstieg auf einen Gipfel, wo sich Ihnen im wörtlichen Sinn neue Horizonte eröffnen.

Das Angebot an ***Ausflugsmöglichkeiten*** und Sehenswürdigkeiten ist derart vielfältig, dass Sie es niemals schaffen werden, alles zu besichtigen – egal, wie viele Urlaubstage Sie in der Gegend verbringen. Grämen muss sich deshalb niemand. Besser ist es, sich von der Lebensfreude der Einheimischen mitreißen und den Tag in einer gemütlichen Trattoria oder einem ***urigen Grotto***, wie die traditionellen Gaststätten in den Bergregionen heißen, ausklingen zu lassen.

Noch immer ist die Gegend wie für den Urlaub geschaffen

Ein ***Glas Merlot,*** eine Portion Polenta mit Schmorbraten, das Säuseln der Zypressen im Wind, das Plätschern der Wellen, dazu der Vollmond, der die ***imposante Bergkulisse*** deutlich aus der Dunkelheit hervortreten lässt: In einem solchen Moment sollten Sie unbedingt zum Himmel hochschauen und prüfen, ob die Einheimischen recht haben. „Hier ist es so schön", besagt ein Sprichwort, „dass die Sterne näher zusammenrücken, um einen Platz über dem Paradies zu ergattern."

IM TREND

1 Entspannt und elegant

Entschleunigt über den See Nur eine leicht säuselnde Brise, kaum Wellen: Für Windsurfer ist der Lago Maggiore oft eine Enttäuschung. Fürs Stand-Up-Paddling sind die Bedingungen jedoch perfekt – auf einem Surfbrett gleitet man still und leicht übers Wasser. Trendsetter ist Andrea Pirro, der in Ascona ein SUP-Center mit Bar *(www.supascona.ch)* eröffnet und damit einen wahren Boom ausgelöst hat. „Gesupt" wird mittlerweile auch in Magadino *(www.toucanclub.ch)*, Tenero *(www.watersports.ch)* oder Maccagno *(www.lagocamp.com)*.

2 Eine runde Sache

Giropizza In der *Pizzeria King (www.kinglapizzeria.it)* in Varese, Gallarate und Casnate con Bernate bei Como wird Ihnen für 12 Euro so lange Pizza serviert, bis Sie „Basta!" sagen. Das Prinzip *Giropizza* („Pizzarunde") ist vor allem bei der Jugend beliebt. Am Lago Maggiore setzt die Pizzeria *Raggio di Luna (www.ristoranteraggiodiluna.it)* in Verbania auf dieses Konzept.

3 Hoch im Süden

Berghütten Während die Touristen im Sommer das Treiben an den Seeufern genießen, ziehen sich viele Einheimische in die Berge zurück. Ob im Tessin oder auf italienischer Seite – kaum ein Seitental, das nicht durch eine *capanna, baita* oder ein *rifugio* erschlossen wäre. Beliebte Aussichtsterrassen sind die ☀ *Capanna Monte Bar (www.capannamontebar.ch)* oder das *Rifugio Menaggio (www.rifugiomenaggio.eu / Foto)*. Die Websites *www.capanneti.ch* und *www.cai.it* versammeln eine große Auswahl an Berghütten. Die wunderschöne Aussicht auf die Seen gibt es gratis dazu!

Rund um die Oberitalienischen Seen gibt es viel Neues zu entdecken. Das Spannendste auf diesen Seiten

Abgeschmeckt

4

Kräuterküche Dass die verwendeten Produkte aus der Region stammen, ist für den Chefkoch des *Bella Vista (Via Adeletto Zerboni 6)* in Veleso überm Comer See eine Selbstverständlichkeit. Tatsächlich baut Paolo Longoni viele Gemüse und Kräuter selbst an. Und das schmeckt man! Ganze Kräuter- und Blütenmenüs kommen im *Agriturismo Terra Libera (Via Campi Lunghi 1)* in Varese auf den Tisch. Bei hoch aromatischen Gnocchi mit Kräutersauce oder Polenta mit Pilzen fehlt selbst passionierten Fleischessern nichts. Sie wollen die Kräuterküche auch in der Heimat genießen? Wie Sie mit Giersch, Bärlauch oder Brunnenkresse kochen, lernen Sie im *Ristorante Stazione (www.daagnese.ch)* in Intragna im Centovalli: Küchenchefin Adriana Broggini-Gamma gibt Kurse und teilt ihr Know-how mit Interessierten.

Eis am Stiel reloaded

5

Echt cool Ein Italienurlaub ohne *gelato* – das ist wie Fußball ohne Tore. Es fehlt einfach etwas. Zumal ein Eis längst mehr ist als bloß der süße Abschluss einer Mahlzeit oder ein kleiner Genuss zwischendurch, sondern eine Attraktion für sich. Den Beweis liefert Gianluca Fiorentino im Ristorante *Ciani (Piazza Indipendenza 4)* in Lugano. Bei der Patisserie-WM in Mailand gewann er 2017 den ersten Preis für das beste *gelato.* Er begeisterte die Jury mit „Quasi uno stecco" („Fast ein Eis am Stiel") – eine Eiskreation aus Kaffee, Schokolade, Safran, Himbeeren und Limetten. Ebenfalls ganz schön cool und eine Spur verrückt: Ravioli mit Käseeis. Das *Restaurant Al 29 Felice (Via Felice Cavallotti 29)* in Luino überrascht Sie damit.

FAKTEN, MENSCHEN & NEWS

BOTTAS BAUTEN

Alles Botta oder was? Tatsächlich werden Sie rund um die Seen häufig auf Bauwerke des Tessiner Stararchitekten Mario Botta treffen, etwa die Müllanlage bei Verbania, den Busbahnhof in Lugano oder das Kasino von Campione d'Italia. In der von ihm gegründeten Architekturakademie in Mendrisio erhält Botta die Tradition der sogenannten *maestri comacini* aufrecht. Diese Baumeister aus der Region Como haben seit dem Spätmittelalter in ganz Europa ihre Spuren hinterlassen: Die Fassade des Petersdoms in Rom ist ebenso ihr Werk wie zahlreiche Bauten in Sankt Petersburg, dessen Stadtbild sie entscheidend prägten. Bottas jüngstes architektonisches Highlight befindet sich auf dem Monte Generoso. Auf seinem Hausberg hat er das Aussichtsrestaurant *Fiore di Pietra* in Form einer steinernen Blüte eröffnet. Dort oben, wo Sie alle drei großen Seen im Blickfeld haben, setzen vielleicht auch Sie zu kreativen Höhenflügen an. Botta jedenfalls zieht seine Inspiration aus der Landschaft: „Die Seen als Horizontale, die steilen Bergwände als Vertikale, dazu das Licht: Die drei wichtigsten Komponenten der Architektur begleiten einen hier auf Schritt und Tritt."

FILMKULISSE

Wenn spektakuläre Bilder gefragt sind, dann kommt halb Hollywood an die Oberitalienischen Seen. Die Filmstars nächtigen meist privat – etwa in den Gästezimmern der Villen von George Cloo-

Bild: Architekturakademie in Mendrisio

Ein Stararchitekt, der Busbahnhöfe baut, die Hippies des frühen 20. Jhs., wilde Pferde, exotische Pflanzen und ein Riesenkarl

ney, Madonna, Donatella Versace oder Richard Branson, die sich alle auf den Hügeln rund um Como niedergelassen haben. Zahlreiche Szenen von Ocean's Twelve oder Casino Royale wurden ebenso am Comer See gedreht wie einige Star-Wars-Episoden. Einen großen Auftritt haben die Filmstars jedes Jahr Anfang August, wenn auf der Piazza Grande in Locarno das traditionsreiche Filmfestival auf dem Programm steht. In der Nähe von Locarno wurde übrigens eine legendäre Filmszene gedreht: Pierce Brosnans Sprung von der 220 m hohen Verzasca-Staumauer im James-Bond-Film Golden Eye wurde zum besten Stunt der Filmgeschichte gekürt.

DER DUFT DES SÜDENS

Lange stank es in ganz Europa zum Himmel. Abhilfe schaffte gegen Ende des 17. Jhs. das „Aqua Mirabilis". Gian Paolo Feminis, der Erfinder dieses Duftwassers, stammte aus dem Vigezzotal im Hinterland des Lago Maggiore. Unter dem Namen Eau de Cologne und der kaufmännisch geschickten Hand von Giovanni Maria Farina – ebenfalls aus der Val Vigezzo stammend – erlangte das Parfum Weltruhm. Wenn Sie in den Genuss des Originalgeruchs kommen wollen, dann sollten Sie im Frühjahr an die Oberitalienischen Seen reisen. Schließlich hatte Farina erklärt, sein Duftwasser erinnere ihn an „einen Frühlingsmorgen nach dem Regen, Orangen, Pampelmusen, Zitronen, Bergamotte, Zedrat, Limette und die Blüten und Kräuter meiner Heimat".

DIE PFERDE VOM MONTE BISBINO

Sie heißen Stella, Penelope, Rubino oder Aladino – die Rede ist von den Wildpferden, die im Grenzgebiet zwischen Comer See und Luganer See leben. Für Schlagzeilen sorgten sie erstmals im schneereichen Winter 2009, als sie in den Dörfern Futter suchten. Jäger wollten die Tiere abknallen. Doch zum Glück setzten sich die Tierschützer durch. Seitdem werden die gut zwei Dutzend Wildpferde im Winter versorgt und betreut. Sie hatten ursprünglich einem Bergbauern gehört, der schon 2003 gestorben war. Er hatte seine Haflinger stets frei auf den Weiden des Monte Bisbino laufen lassen. Nach seinem Tod verwilderten die Pferde und zogen in der bergigen Wildnis umher. Bis ebenjener harte Winter 2009 einbrach und die ausgehungerten Tiere in die Dörfer hinuntertrieb. Seitdem sind die *Cavalli del Bisbino* eine Attraktion. In der Regel findet man sie beim Abstieg vom Monte Generoso auf den Weiden oder in den Kiefernwäldern unter dem Baraghetto. Wo das ist? Die Website *www.cavallidelbisbino.com* gibt Auskunft.

DER GEIST DER UTOPIE

Vegetarisches Essen, eine Lebensweise im Einklang mit der Natur, nachhaltige Produkte: Was heute fast schon Mainstream ist, war vor gut 100 Jahren pure Utopie. Ihre Wurzeln hat sie u. a. am Lago Maggiore, genauer gesagt auf dem Monte Verità. Um die vorletzte Jahr-

Beim Wandern an den Seen gilt nicht nur „Augen auf" – auch die Nase gerät in Ekstase

hundertwende machten Aussteiger, die der starren bürgerlichen Gesellschaft in Mitteleuropa den Rücken kehrten, Ascona zum Hort gesellschaftlicher Utopien. Auf dem sonnigen Hügel oberhalb des Dorfs suchten sie einen Mittelweg zwischen Kapitalismus und Kommunismus. Der „Wahrheitsberg" sollte die Keimzelle für eine bessere Welt werden und zog zahlreiche Denker, Dichter und Künstler an. Es entstand ein „Bermuda-Dreieck des Geistes", wie es der Kulturwissenschaftler Harald Szeemann nannte. Dessen Ausstellung „Brüste der Wahrheit" über den Monte Verità sorgte in den 1970er-Jahren in ganz Europa für Furore, weil sie dem damals aufkommenden Bedürfnis nach Alternativen eine historische Grundlage gab. Mittlerweile hat die legendäre Wanderausstellung auf dem Monte Verità ein Zuhause gefunden. Wenn Sie von dort auf den Lago Maggiore hinunterblicken, spüren Sie ihn vielleicht noch, den „Geist der Utopie", den der Philosoph Ernst Bloch 1918 in seinem gleichnamigen Jahrhundertwerk beschwor. Verfasst hat er es ... na, wo wohl? Natürlich am Lago Maggiore!

KULT UMS „ABENDMAHL"

Im Bestseller und Film „Sakrileg" nimmt Dan Brown das berühmte Gemälde „Das letzte Abendmahl" unter die Lupe, das Leonardo da Vinci in der Kirche Santa Maria delle Grazie in Mailand auf die Wand malte. Seitdem wird eifrig diskutiert, wer die Person links von Jesus ist: der Apostel Johannes – oder eine Frau? Wenn Sie mitreden wollen, müssen Sie nicht extra nach Mailand fahren. Es reicht, wenn Sie aufs Geratewohl ein paar Kirchen in der Region ansteuern. Die Chance, dass Sie auf eine Kopie des „Cenacolo" stoßen, ist groß. Allein im Tessin gibt es über 100 „Abendmahl"-Darstellungen, die dem Original von da Vinci verblüffend ähnlich sind, etwa in Ponte Capriasca, Novazzano oder Arosio. Oft ist dabei an der Seite von Jesus eindeutig eine Frau auszumachen. Das beweist natürlich nichts – außer, dass die kirchliche Zensur in der Provinz offenbar weniger streng war als in der Bischofsstadt Mailand.

HART AN DER GRENZE

Lassen Sie sich am Morgen Zeit mit dem Frühstück. Denn wenn Sie während der Stoßzeiten zu einem Ausflug aufbrechen, laufen Sie Gefahr, einer Geduldsprobe unterzogen zu werden. Egal ob auf der Autobahn zwischen Como und Lugano oder auf der schmalen Uferstraße zwischen Verbania und Locarno: Im Grenzgebiet herrscht morgens und abends ein Chaos sondergleichen. Mehr als 65 000 italienische Grenzgänger fahren täglich ins Tessin zur Arbeit: morgens hin, abends zurück. Seit der Einführung der Personenfreizügigkeit zwischen der Schweiz und der EU hat sich die Zahl dieser *frontalieri* verdoppelt. Sie profitieren von den höheren Löhnen, die sie im Tessin verdienen können. Die Tessiner wiederum überqueren die Grenze hauptsächlich in der Freizeit: Sei es, um in den italienischen Einkaufszentren günstig einzukaufen, sei es, weil die Restaurantpreise im Belpaese deutlich moderater sind.

GUTE UNTERHALTUNG

„Lago Maggiore, von Zypressen umsäumt, hör den Ruf meiner Sehnsucht, der Sehnsucht, die mein Herz erträumt ...", sang Vico Torriani in den 1950er-Jahren und begründete damit den Ruf des Lago Maggiore als Urlaubsziel. So verblasst der Ruhm von Torriani, so groß ist heute die Auswahl an anderen Sehnsuchtsorten auf der ganzen Welt. Das „leise Flüstern der Wellen" allein reicht längst nicht mehr als Lockruf. An den Oberitalienischen Seen haben die Touristiker daher reagiert. In Verbania öffnete 2016 das Eventzentrum Il Maggiore seine Pforten, das ein vielfältiges Kunst- und Kulturprogramm bietet. Locarno mit dem Palazzo del Cinema und Lugano mit dem Kunst- und Kulturzentrum LAC haben nachgelegt und ebenfalls ins Unterhaltungsangebot investiert. Jetzt fehlt nur noch ein moderner Barde, der diese Attraktionen wie einst Torriani in einen Ohrwurm verwandelt ... Dieter Bohlen, bitte übernehmen!

MONUMENTS MEN

Wer ist die größte Persönlichkeit in der Region? Wenn man die Höhe des Denkmals als Maßstab nimmt, ist die Antwort klar: Carlo Borromeo (1538–1584). In seinem Geburtsort Arona am Lago Maggiore erinnert seit 1697 eine (mit Sockel) 32 m hohe Statue an den Erzbischof von Mailand, der dafür sorgte, dass die Reformation nicht auf die Alpensüdseite überschwappte und Italien stramm katholisch blieb. Der *Sancarlone* genannte Koloss übertrifft den *Faro Voltiano,* den Leuchtturm, den die Stadt Como zu Ehren des Physikers Alessandro Volta (1745–1827) erbaute, um 3 m. Mit 2,80 m Höhe geradezu bescheiden nimmt sich im Vergleich dazu die Bronzestatue aus, die in Lecco an den Schriftsteller Alessandro Manzoni (1785–1873) erinnert, den Verfasser des italienischen Nationalepos „Die Brautleute" *(I Promessi Sposi).* Wie solche Denkmäler entstanden, erfahren Sie im Schweizer Grenzdorf Ligornetto: Dort befindet sich das ehemalige Atelier des Bildhauers Vincenzo Vela (1820–1891), das in ein Museum umgewandelt worden ist. Vela schuf Denkmäler, die in Italien und Frankreich noch heute manch einen Platz schmücken. Für viele ist er denn auch der bedeutendste Künstler, den die Region hervorgebracht hat.

KÖNIGIN KAMELIE

Vom Alpenkranz gegen nördliche Strömungen geschützt und von den großen Wasserflächen der Seen temperiert, hat sich an den Oberitalienischen Seen ein teilweise subtropisches Klima gebildet, das dieses Gebiet zu einem Stück Süden im Norden macht. So ist mit Palmen und Oleander, immergrünen Steineichen und Olivenbäumen, alten Villen und prächtigen Parks eine wunderschöne Gartenlandschaft entstanden, die allerdings im Tessin von Ferienhäusern und Betonbungalows bedroht ist und auf der italienischen Seite vom unkontrollierten Wachstum der Städte. Die Flora hat sich vor allem an den sonnigen Westufern des Lago Maggiore und des Comer Sees im Lauf der Jahrhunderte verändert: Mit den ersten wohlhabenden Adelsfamilien, die hier Villen errichteten, kamen neue Pflanzen in Mode, zum Beispiel Palmen

Als hätte er mit dem Skalpell statt mit dem Meißel gearbeitet: Fein konturierte Statuen im Museo Vela

oder Zitronen. Große Blumenzuchtbetriebe (vor allem Azaleen, Kamelien und Rhododendren) haben sich heute hier angesiedelt. In vielen kleinen botanischen Anlagen konnten sich unzählige exotische Spezies ausbreiten – und die Gartenmauern überspringen, sodass hier und da eine üppige Wildheit entstanden ist. Mit Kamelienfesten wird in vielen Gemeinden Ende März der Frühling begrüßt. Die Kamelie ist das blumige Wahrzeichen des Lago Maggiore.

LEGA

Vares, Comm, Lecch: Auf den meisten Ortsschildern in der Lombardei stehen Dialektausdrücke. Diese identitätsstiftende Maßnahme geht auf die Lega Nord zurück, die in den Provinzen Varese, Como und Lecco tonangebend ist. Die 1989 gegründete Protestpartei fordert im Rahmen des Föderalismus mehr Kompetenzen von Rom. Zeitweilig plädierte sie gar für eine Abspaltung des reichen Nordens vom Rest Italiens. Von Legavertretern auf beiden Seiten der Grenze hört man mitunter den Ruf nach der Schaffung eines eigenständigen Staats, der mehr oder weniger das Gebiet der Oberitalienischen Seen umfassen würde.

MODE AUS MAILAND, SEIDE AUS COMO

Armani, Versace, Gucci, Dolce & Gabbana: Italienische Modeschöpfer genießen Weltruhm. Während die Mailänder Mode in den 1970er-Jahren stilbildend wurde, reichen die Wurzeln der Textilindustrie viel weiter zurück. Begünstigt wurde deren Entstehen nicht zuletzt durch die Wasserkraft der Flüsse, die von den Alpen Richtung Poebene strömen. Im Gebiet der Oberitalienischen Seen wurden im 18. Jh. Maulbeerbäume für die Seidenraupenzucht gepflanzt. In Como wird in großen Manufakturen bis heute Seide verarbeitet – inzwischen aus importiertem Rohmaterial.

ESSEN & TRINKEN

So vielfältig wie die Landschaft ist auch das Essen. Fische aus den Seen, Wild, Würste und Käse aus den Bergen sowie Reis, Polenta und Teigwaren aus der Poebene lassen die Gegend wie ein Schlaraffenland erscheinen. In der Tat: Bei der Lektüre der Speisekarte haben Sie nur zu oft die Qual der Wahl.

Müsste man ein für die südlichen Voralpen typisches Gericht auswählen, wäre dies sicherlich die ***Polenta***. Eine herzhafte Polenta dürfen Sie sich auf gar keinen Fall entgehen lassen, denn sie ist weit mehr, als die profane deutsche Bezeichnung Maisgrießbrei vermuten lässt. Selbst Gourmetköche servieren Polentakreationen.

Im Pastaland Italien gibt es natürlich auch überall Teigwaren. Kaum ein Restaurant, das etwas auf sich hält, verzichtet auf ***handgemachte Ravioli***, Agnolotti oder Tortellini. Ein Klassiker ist auch der ***Risotto*** mit seinen vielfältigen Varianten. Schließlich grenzt das Seengebiet direkt an die großen Felder des Piemonts und der Lombardei – das größte Reisanbaugebiet Europas mit seinen Edelsorten Arborio, Vialone und Carnaroli.

In den Berggebieten gab es Risotto lange Zeit nur an Festtagen. Daran erinnern im Tessin heute noch die *risottate* während der Karnevalszeit, wenn auf der Hauptpiazza in großen Kesseln Risotto gekocht wird. Früher spendierte die reiche Oberschicht das Risotto für diese Feste – mit dem Karneval wurde nicht nur das Ende des Winters, sondern auch der Hungerzeit gefeiert.

Fisch und Kastanien, Polenta und Merlot: deftige Menüs in den Tälern und lukullische Höhenflüge an den Seen

In den kargen Tälern des Tessins und Norditaliens war im Winter oft Schmalhans Küchenmeister. Zum Hungerstiller par excellence avancierte die ***Kastanie***, die nach der Ernte getrocknet und zu Teigwaren, Brot und Kuchen verarbeitet wurde. „Im Herbst gab es Kastanien, die aßen wir drei Monate lang, früh, mittags und abends", schreibt der 1979 gestorbene Tessiner Schriftsteller Plinio Martini im Roman „Nicht Anfang und nicht Ende". Mit dem zunehmenden Wohlstand in der Nachkriegszeit verlor die stachlige Frucht an Bedeutung und wurde als das „Brot der Armen" verschmäht. In jüngster Zeit hat sie aber eine Renaissance erfahren, nicht zuletzt deswegen, weil sie ***kulinarisch vielseitig*** verwendbar ist, sei es als Beilage zu Fleischgerichten oder als Süßspeise. Selbst Spitzenköche integrieren die Kastanie mittlerweile in ihre Menüs. Eine weitere Delikatesse aus den Wäldern sind die Kräuter und ***Steinpilze*** *(porcini)*, die sowohl im Risotto als auch mit Teigwaren ein Hochgenuss sind. Ein anderes Relikt aus der *cucina povera*, der

SPEZIALITÄTEN

bresaola – Trockenfleisch aus dem Veltlin, ähnlich dem Bündner Fleisch
busecca – Kuttelsuppe
capretto al forno – Zicklein im Ofen, ein verbreitetes Ostergericht
carpione, in – in Essigmarinade eingelegt, meist für Seefische als kalte Vorspeise
cassöla/cazoeula – lombardischer Eintopf mit Schweinefleisch und Wirsing
coregone – Felchen, ein in den Oberitalienischen Seen besonders verbreiteter Fisch (Foto li.)
formaggio – Das Seengebiet ist auch ein Käseparadies: Taleggio, Gorgonzola, Bettelmatt, Toma ...
gnocchi – aus Kartoffeln oder Grieß und Mehl geformte kleine Klößchen, die zusammen mit Salbeibutter, Käse- oder Tomatensauce meist als *primo piatto* serviert werden
lavarelli al vino bianco – Felchen in Weißweinsauce, manchmal auch *coregone* genannt
miascia – Variante des Tessiner Brotkuchens *torta di pane* in der Comer-See-Region mit Äpfeln, Birnen und Trauben
missoltini/misultitt – das typische Fischgericht des Comer Sees: *Agoni,* eine Heringsart, werden getrocknet und danach in einer Essig-Öl-Mischung mariniert, bevor sie schließlich gegrillt auf den Tisch kommen
ossobuco – geschmorte Kalbshaxe
(pesce) persico – Barsch bzw. Egli
polenta – Viele regionale Varianten: Während die Polenta im Tessin meist pur serviert wird, wird ihr in Oberitalien gerne Käse beigemischt. Sie heißt dann *polenta cuncia* oder *polenta taragna* und ist so nahrhaft, dass sie auch ohne weitere Zutaten schmeckt (Foto re.)
ratafià – der klassische Tessiner Likör aus in Grappa eingelegten Walnüssen, auch *nocino* genannt
tinca – Schleie, ein Seefisch
trota (al rosmarino) – Forelle (mit Rosmarin)

„armen Küche", ist die Gemüsesuppe ***Minestrone*** – ursprünglich nichts anderes als eine Verwertung von Gemüseresten. Die Bevölkerung an den Seen wiederum ernährte sich während Jahrhunderten vorwiegend von dem, was der *lago* hergab. Heute ist die berufliche Fischerei fast völlig ausgestorben, weshalb man dem Prädikat „Frisch vom See" zuweilen misstrauen darf. Doch noch immer tummeln sich in den Gewässern zahlreiche Fische.

Fester Bestandteil eines jeden Menüs ist *il dolce,* das Dessert. Klassiker sind *tiramisù, panna cotta* (eine Art Sahnepudding), *crostata* (Mürbeteigkuchen mit Marmelade) und natürlich *gelato* (Eis). Probieren sollten Sie auch die *torta di pane,* den **Brotkuchen**, eines der feinsten Gerichte aus Resten, das die Phantasie armer Leute je erfunden hat! Nach dem Dessert gönnt man sich meist noch einen Espresso (keinen Cappuccino!), der schlicht *caffè* genannt wird. Es handelt sich um eines der letzten Rituale, das noch penibel gepflegt wird.

Ansonsten halten viele Einheimische die in Italien typische Speisenfolge – *antipasto* (Vorspeise), *primo* (erster Gang: Nudeln, Reis oder Suppe), *secondo* (Fleisch oder Fisch) mit *contorno* (Kartoffel-, Gemüse- oder Salatbeilage) und *dolce* (Nachspeise) – im Alltag nicht mehr ein. Sie dürfen also ruhig mehrere Gänge überspringen. Viele stillen ihren Hunger mit einem belegten Brötchen *(panino)* oder einer Pizza. Diese erfreut sich nicht zuletzt wegen ihres günstigen Preises großer Beliebtheit. Italiener trinken übrigens Bier zur Pizza, was Touristen in Anbetracht der großen Weintradition des Landes bisweilen seltsam anmutet.

Tatsächlich steht Ihnen im Seengebiet das unglaublich breite Angebot der norditalienischen **Weinregionen** zur Auswahl. Aus dem Piemont stammen der verbreitete Barbera oder der so berühmte wie teure Barolo. Letzteren können Sie gut durch einen Ghemme oder Gattinara ersetzen, ebenfalls aus roten Nebbiolotrauben. Die Reben reifen keine 30 km vom piemontesischen Ufer des Lago Maggiore entfernt. Aber auch die lombardischen Anbaugebiete im Veltlin, dem Oltrepò Pavese oder der Franciacorta erfreuen sich wachsender Beliebtheit.

Nicht zu verstecken brauchen sich die Tessiner Winzer. Aus den **Merlottrauben**, die mitunter direkt an den Hängen um die Seen reifen, haben sie in der jüngeren Vergangenheit teils exzellente Weine gekeltert. Dank seiner Struktur passt der Merlot ideal zu Minestrone, gegrilltem Fleisch und **kräftigen Hauptgerichten** ganz allgemein.

In Italien stellen Ihnen die Wirte fast aller Restaurants den gedeckten Tisch und das Brot unabhängig vom Verzehr als gesonderten Posten in Rechnung. Dieser Preis für *pane e coperto,* der immer auf der Karte ausgewiesen sein muss, beträgt meist rund zwei Euro pro Person, kann aber auch deutlich höher ausfallen.

Macht selbst Morgenmuffel munter: Frühstück auf dem Balkon überm See

EINKAUFEN

„Made in Italy": Dieses Label weckt Kauflust! Ein Shoppingausflug muss nicht immer teuer sein. Wer gezielt auf Einkaufstour gehen will, findet hier ein paar Anregungen.

KULINARISCHES

Gehen Sie auf jeden Fall in einen der Delikatessenläden, und lassen Sie sich entführen in die Welt der eingelegten Pilze, der hausgemachten Pastasaucen, der kaltgepressten Olivenöle. Spezielle Beachtung verdienen die Süßigkeiten. Hervorzuheben sind die *amaretti*, kleine, süße Mandelkekse, und die hausgemachten Hefekuchen, die Panettoni.

KUNSTHANDWERK

Bei Kunsthandwerkserzeugnissen ist es oft nicht einfach, den Unterschied zwischen billigen Serienprodukten und Hochwertigem zu erkennen. Vorsicht ist u. a. geboten bei den sogenannten typischen Souvenirs, den *boccalini* (Weinkrüglein) oder den *zoccoli* (Holzschuhe), die auf die bäuerliche Vergangenheit verweisen.

OUTLETS

Schnäppchenjäger finden in den zahlreichen Fabrikläden in Norditalien ein erstklassiges Revier. Bestes Beispiel ist das Fabrikgeschäft von *Alessi (Mo–Fr 9.30–18.30, Sa 10–18 Uhr | Via Privata Alessi 6 | www.alessi.com)* in *Crusinallo* bei Omegna wenige Kilometer vom Ortasee. Der Küchendesigner gibt auf seine Produkte zwischen 30 und 50 Prozent Rabatt. Achtung: Der Ansturm ist groß!

Den Outletstore für sportliche Kleidung von *Sergio Tacchini (Mo 15–19, Di–So 10–12.30 und 15–19 Uhr)* finden Sie an der Staatsstraße Verbania–Fondotoce. Mehr als 3000 Brillen zu Fabrikpreisen gibt es im *Outlet Emporio Occhiali (Mo 15–19.30, Di–Sa 9–12.30 und 15–19.30 Uhr | Corso Roma 139)* in *Gravellona Toce.* Im Tessin stößt man in Mendrisio direkt neben der Autobahn auf das Outletcenter *Foxtown (tgl. 11–19 Uhr | www.foxtown.ch)* mit 160 Anbietern vor allem aus der Bekleidungsbranche. Südlich des Comer Sees warten im Dörfchen *Vertemate con Minoprio* Outlets von *Armani (tgl. 10–19.30 Uhr)*, aber auch von *Levis Dockers* oder *Diesel.*

Wer über den nötigen Stauraum im Auto verfügt, kann sich in der Produktions- und Konsumwelt der Möbeldesigner der

Seide, Mode und *amaretti:* Die Einkaufswelt bietet schicke Designerläden, Outletshops und Genüsse aus Küche und Keller

Brianza verlustieren, etwa in *La Permanente Mobili Cantù (Mo–Sa 9–12.30 und 14.30–19, So 10–12.30 und 14.30–18 Uhr | Piazza Garibaldi 9 | www.lapermanentemobilicantu.com),* dem Mekka der Möbelkäufer.

SEIDE

Die Region um den Comer See hat sich seit dem Mittelalter als wichtigstes europäisches Zentrum für die Seidenproduktion etabliert. Rund vier Fünftel der in Europa gewonnenen Seide werden hier verarbeitet. Für die Seidenraupen wurden in den vergangenen Jahrhunderten große Maulbeerbaumkulturen in der Brianza südlich von Como angelegt. Im Seidenmuseum der Stadt kommen Sie der Geschichte auf die Spur. Seit den Zwanzigerjahren des 20. Jhs. drängt jedoch preisgünstige Chinaseide auf den europäischen Markt. In Como haben sich deshalb viele Betriebe inzwischen auf die Weiterverarbeitung – Färbung, Bedruckung usw. – spezialisiert. Jedes Jahr im Oktober/November findet in Como die größte Seiden- und Textilmesse Europas statt, die Idea-Como. Das Fremdenverkehrsbüro der Stadt hält eine Broschüre („Gli spacci tessili") bereit, die Sie zu den wichtigsten Stoffgeschäften der Gegend führt.

WEIN

Auf der schweizerischen Seite gibt es bedeutende Weinanbauflächen: Das Tessin ist ein Rotwein-, vor allem ein Merlotland. Zahlreiche Weinkellereien verteilen sich auf dem ganzen Kantonsgebiet. Eine umfangreiche Liste finden Sie auf der Website des Dachverbands Ticinowine *www.ticinowine.ch.* Auf der italienischen Seite fehlt kommerzieller Weinbau in großem Stil, doch dafür locken vielerorts gut bestückte Önotheken.

LAGO MAGGIORE

Wer den Lago Maggiore, im Zug oder im Auto über die Alpen kommend, erstmals zu Gesicht bekommt, merkt sofort: Hier beginnt der Süden, das Mittelmeer kann, obwohl die Berge mit dem ewigen Schnee noch im Blick sind, nicht mehr weit sein. Im Winter, wenn eisige Kälte die umliegenden Berge umfängt, hält der 66 km lange See ein paar geschützte Winkel bereit, in denen man sogar im Januar am Frühling schnuppern kann. Und schmort die norditalienische Poebene unter der sommerlichen Hitzeglocke, weht am Ufer des Lago Maggiore ein kühlendes Lüftchen. Entlang der Seestraße, vor allem am Westufer von Ascona über Brissago, Cannobio und Pallanza bis hin nach Stresa und Arona, verstecken sich hinter hohen Mauern prachtvolle Villen, umgeben von herrlichen Gärten. Bereits im Mittelalter ein beliebtes Reiseziel, wurde der See Anfang des 19. Jhs. definitiv zur bevorzugten Destination für adlige und bürgerliche Familien, aber auch für Künstler. Vor allem wohlhabende Mailänder bauten sich in diesem „Garten Europas" mit seinem subtropischen Klima prunkvolle Villen mit botanischen Anlagen, in denen sie im Stil der Belle Époque Natur und Kunst vereinten. Aus jener Zeit stammt auch der am Lago Maggiore auffallend präsente Jugendstil (italienisch: *stile liberty*).

Der mit einer Fläche von 212 km^2 nach dem Gardasee zweitgrößte italienische See gehört nicht ganz zu Italien. Ein kleiner, aber wichtiger Teil fiel im 16. Jh. an die Schweiz. Am Verbano, wie der See in

 Bild: Isola Bella im Lago Maggiore

Die glitzernde Verheißung des Südens: blühende Gärten, mediterranes Ambiente und zwischendurch ein Blick in die Schneeberge

Italien genannt wird, treffen sich nicht nur die Schweiz und Italien, sondern auch die italienischen Regionen Piemont (das Westufer) und Lombardei (das Ostufer).

ASCONA

(134 B4) *(🗺 F3)* **Als das „seltsamste Dorf der Welt" wurde Ascona in den 1950er-Jahren in einem Buchtitel bezeichnet. Fakt ist, dass Ascona (5000 Ew.) eines der berühmtesten Dörfer der Welt und ebenso mondän wie romantisch ist.**

Allein drei Fünfsternehotels befinden sich hier, von denen einige zu den besten Hotels der gesamten Schweiz zählen. Dennoch macht Ascona mit seiner wunderschönen, von Platanen gesäumten Uferpromenade und dem mittelalterlichen Stadtkern den Eindruck eines verträumten Fischerdorfs.

Sein außergewöhnliches Renommee erhielt es Anfang des 20. Jhs., als Exzentriker, Utopisten und Weltverbesserer aus

Laufsteg für jedermann: An Asconas Uferpromenade wird flaniert, was das Zeug hält

dem Norden den Monte Verità zu ihrer Experimentierwiese erkoren. Sie machten Ascona zum Trendreiseziel für Politiker, Künstler und Wissenschaftler – oder eben zum „seltsamsten Dorf der Welt".
In den 1960er-Jahren war Ascona als Ferienort derart beliebt, dass ein deutsches Auto nach seinem Namen benannt wurde: der Opel Ascona. In der jüngeren Zeit hat sich das „Saint-Tropez der Schweiz" dank eleganten Geschäften und innovativen Restaurants als Lifestylezentrum wieder ins Gespräch gebracht.

SEHENSWERTES

INSIDER TIPP MONTE VERITÀ

Wer sich in das Ascona Anfang des 20. Jhs. begeben will, als Künstler, Exzentriker und Utopisten auf dem „Berg der Wahrheit" sich selbst und eine bessere Welt zu finden hofften, besucht am besten die von Harald Szeemann geschaffene Dauerausstellung im Museum *Casa Anatta (April–Juni und Sept./Okt. Di–So 13–17, Juli/Aug. 14–18 Uhr | www.monteverita.org)*. Übernachten kann man in dem renovierten Hotel, das im Bauhausstil erbaut wurde, als die Spinner und Künstler den Reichen und Schönen wichen. Heute dient es vor allem als Tagungszentrum, daneben finden an diesem magischen Ort zahlreiche öffentliche Veranstaltungen statt. *www.monteverita.org*

INSIDER TIPP MUSEO COMUNALE D'ARTE MODERNA

Die wundervolle Sammlung der expressionistischen Malerin Marianne von Werefkin (1860–1938) aus dem Umfeld des „Blauen Reiters" sowie Arbeiten der klassischen Moderne (Alexej von Jawlensky, Paul Klee u. a.). *März–Juni und Sept. Di–Sa 10–12 und 14–17, Juli/Aug. 10–12 und 16–19, So 10.30–12.30 Uhr | Via Borgo 34 | www.museoascona.ch*

TEATRO SAN MATERNO

In den Zwanzigerjahren des 20. Jhs. für die Tänzerin Charlotte Bara erbaut, werden in dem Juwel aus der Bauhauszeit regelmäßig Konzerte und Performances veranstaltet. *Via Losone 3 | www.teatrosanmaterno.ch*

UFERPROMENADE ★

Die Hauptattraktion Asconas, an der dank einiger neuer Lokale ein frischer Wind weht, ist nach dem Tessiner Politiker Giuseppe Motta (1871–1940) benannt. Sehen und gesehen werden lautet hier das Motto. Im Sommer flaniert man im Schatten der ausladenden Platanen, die schon vor 400 Jahren Emigranten aus Frankreich mitgebracht hatten. Straßenkünstler, Maler und Musiker sorgen das ganze Jahr über für Unterhaltung.

ESSEN & TRINKEN

OSTERIA GROTTO BALDORIA

Ausgelassene Stimmung herrscht in diesem typischen Tessiner Lokal, in dem die Gäste bei deftiger Kost an langen Tischen zusammensitzen. *Ostern–Okt. tgl. | Via Sant'Omobono 9 | Tel. 0917913298 | www.grottobaldoria.ch* | €€

INSIDER TIPP DA GINA

Das Mehl mahlt eine Tessiner Mühle, gebacken wird im Holzofen, das Teigrezept ist geheim – kein Wunder, dass die Pizza hier einmalig schmeckt. Für 25 Franken gibts mittags ein Menü inklusive Getränk und Kaffee. *Tgl. | Viale Monte Verità 19 | Tel. 0917912740 | www.dagina.ch* | €–€€

SEVEN EASY

Jahrelang hat sich an Asconas Seepromenade nur wenig getan. Dann eröffnete Multimillionär Stefan Breuer am 7. 7. 2007 das edle Trendlokal Seven, wenig später das erschwinglichere Seven Easy, das ebenfalls einschlug und seitdem der weiterhin beliebten Osteria Nostrana Konkurrenz macht. *Tgl. | Lungolago Piazza Motta | Tel. 0917807771 | www.seven.ch* | €€

TICINO EXPERIENCE ●

Der Stummfilm „Ticino Experience" (Untertitel auf Deutsch), der in der Casa Rustica in Losone gezeigt wird, ist nicht nur ein Augen-, sondern auch ein Gaumenschmaus: Während die Filmhelden auf der Suche nach neuen Menüs durch die Tessiner Täler streifen, degustieren die Zuschauer die Delikatessen, die über die Leinwand flimmern. Auch für Familien geeignet. Reservierung ist obligato-

MARCO POLO HIGHLIGHTS

★ Uferpromenade Ascona
Sehen, gesehen werden und genießen an der Uferzeile des Weltdorfs Ascona → S. 35

★ Rocca Borromeo di Angera
Sagenhafter Blick von der wuchtigen Burg über dem Städtchen Angera → S. 40

★ Borromäische Inseln
Drei Trauminseln im See vor Stresa → S. 50

★ Mottarone
Aussichtsberg mit Alpengarten und Riesenrutschbahn → S. 51

★ Gärten der Villa Taranto in Pallanza
Blütenzauber in einem subtropischen Park → S. 53

★ Ortasee
Magischer Ort mit heiligem Berg → S. 51

risch! *März–Okt. Mo–Do 18, Fr/Sa 17 Uhr | Casa Rustica (Albergo Losone) | Tel. 0917857000 | www.ticinoexperience.ch | 28 Franken*

EINKAUFEN

Wer ein paar Schritte in Asconas alten Dorfkern setzt, dem wird sofort klar: In diesem Boutiquenparadies wird nur glücklich, wer ein großes Budget hat. Aber auch in Ascona gibt es ein paar originelle, kleine Läden.

LA RONDINE

In dem 1951 vom niederländischen Holocaust-Überlebenden und Pianisten Leo Kok gegründeten Antiquariat verlieren Sie rasch jegliches Zeitgefühl – und heben mit ein wenig Glück einen literarischen Schatz. *Di 10–14 und 15–19, Do 10–14, Fr 15–19, Sa 10–12 und 13–16 Uhr | Piazza San Pietro 6 | www.larondine.ch*

TERRENI ALLA MAGGIA

Der innovative Landwirtschaftsbetrieb baut im Maggiadelta den nördlichsten Reis Europas an. Im Ladengeschäft in Ascona können Sie ihn ebenso kaufen wie Produkte aus der eigenen Geflügelfarm und Wein der Kellerei. *Via Muraccio 105 | www.terreniallamaggia.ch*

FREIZEIT & SPORT

INSIDER TIPP BAGNO PUBBLICO

In diesem wunderschön gelegenen, weitläufigen öffentlichen Strandbad treffen sich im Sommer Asconas Familien, um im See zu baden. Der Sandstrand ist für Kinder ideal, das Restaurant bei schönem Wetter auch abends geöffnet. *Via Lido*

Letzte Kirche vor Italien: Direkt am See in Brissago steht die Chiesa Santi Pietro e Paolo

WASSERSPORT
Tony und Adriano Meier von der *Scuola Vela* vermieten Segel- und Motorboote; bei ihnen können Sie auch Wasserski fahren. *Via Albarelle | Tel. 0917915185 | www.asconautica.ch*

ÜBERNACHTEN

ANTICA POSTA
Moderne Zimmer mit allem Komfort und ein verträumter Innenhof nur ein paar Schritte von der Uferpromenade. Romantische Atmosphäre, kleines Gourmetrestaurant. *10 Zi. | Via Borgo | Tel. 0917910426 | www.anticaposta.ch* | €€

CASA EMMAUS
Ascona ist ein teures Pflaster. Günstig ist der Aufenthalt in diesem gemütlichen Hotel im Nachbardorf Losone. Im Garten mit Schatten spendenden Bäumen gibt es eine Feuerstelle zum Grillen. Kinder können sich im Sandkasten und an Spielgeräten tummeln. *19 Zi. | Via Emmaus 15 | Tel. 0917869020 | www.casa-emmaus.ch* | €€

EDEN ROC
Großer Wellness- und Spabereich, drei Gourmetrestaurants, eigener Badestrand: eine Adresse für einen Verwöhnaufenthalt in der Hochburg der Schweizer Fünfsterne-Ferienhotellerie. *42 Zi. und 37 Suiten | Via Albarelle 16 | Tel. 0917857171 | www.edenroc.ch* | €€€

AUSKUNFT

Via B. Papio 5 | Tel. 0917910091 | www.ascona-locarno.com

ZIELE IN DER UMGEBUNG

BRISSAGO (134 A5) *(🗺 E3)*
Auf der der Durchfahrt wirkt das zehn Autominuten südlich gelegene Brissago (2000 Ew.) heute eher öde. Dabei haben sich einst Schriftsteller wie Thomas Mann, Ernest Hemingway und Erich Kästner in dem Grenzort zu Italien richtig wohl gefühlt. Sie stiegen im Brissago Grand Hotel du Lac ab, das bis zum Zweiten Weltkrieg als die nobelste Edelherberge an den Seen galt. Der schöne Belle-Époque-Bau fiel wie viele andere Villen des 19. Jhs. in der zweiten Hälfte des 20. Jhs. wüster Modernisierung zum Opfer.
Hinter glitzernden Glasfassaden verschwand auch die alte Fabbrica Tabacchi Brissago, berühmt für ihre dünne Virginiazigarre „Brissago" mit dem Strohhalm im Mundstück. Der mächtige Industriekomplex ist jetzt ein Kongress- und Kulturzentrum *(www.centrodannemann.com)*. Mittwochs und freitags um 16 Uhr gibt es *Genussführungen (Anmeldung Tel.*

091786 8130), bei denen man auch selbst Zigarren rollen kann. Dem berühmten Ehrenbürger der Gemeinde, dem Opernkomponisten Ruggero Leoncavallo (1857 –1919), wurde in der Casa Baccalà ein *Museum (April–Okt. Mi–Sa 10–12 und 16–18 Uhr | www.leoncavallo.ch)* gewidmet. Um eine Attraktion reicher ist dank der INSIDER TIPP *Osteria Boato (Mitte März–April Mo geschl., Mai–Mitte Okt. tgl. | Viale Lungolago | Tel. 0917809922 | www.osteriaboato.ch | €€€)* auch die Seepromenade. Auf der Speisekarte ist der Fisch König.

BRISSAGOINSELN (ISOLE DI BRISSAGO) (134 B5) *(🕮 F3)*

Sie werden die grünen Perlen des Lago Maggiore genannt und sind wahrhaftig eine Pracht: die zwei Eilande, von denen nur die größere, die *Isola San Pancrazio* mit ihrem *Botanischen Garten (März–Okt. tgl. 9–18 Uhr | www.isolebrissago.ch)*, zugänglich ist. Über 1500 Pflanzenarten aus allen Kontinenten gedeihen hier; in den letzten Jahren wurden im Park die Zuchtpflanzen weitgehend entfernt und die exotischen Wildpflanzen nach geografischer Herkunft in einzelnen Sektoren konzentriert.

Den Park hat die exzentrische Baronin Antoinette de Saint-Léger ab 1885 angelegt, die ihre Insel nach abenteuerlichen Fehlspekulationen aber zu Geld machen musste. Käufer war der Hamburger Kaufhauskönig Max Emden, der 1927 gerade sein Imperium für viel Geld an Karstadt veräußert hatte. Er ließ die prächtige Villa erbauen. Nach seinem Tod übernahmen der Kanton sowie die umliegenden Gemeinden die Inseln.

Die Isole di Brissago werden von Ende März bis Ende Oktober von den Schiffen der Navigazione Lago Maggiore *(www.navigazionelaghi.it)* ab Locarno, Ascona, Brissago und Porto Ronco angesteuert.

LOW BUDG€T

Zu einem Renner unter den Einheimischen hat sich das Gutscheinbüchlein „Buona Forchetta" entwickelt, das im Buchhandel oder unter *www.buonaforchetta.ch* für 75 Franken bezogen werden kann. Es gewährt Preisnachlässe von bis zu 50 Prozent in ausgewählten Restaurants. Je nach Lokal amortisiert sich die Anschaffung bereits bei einem Abendessen zu zweit.

Eine einfache (Zimmer zum Teil ohne eigenes Bad), aber preiswerte Unterkunft mit herrlicher Aussicht ist das *Albergo La Perla (15 Zi. | Tel. 0323788146 | www.laperlatrarego.it)* in Trarego an der Kirche. Der winzige Ort liegt 700 m über dem See knapp sieben kurvenreiche Kilometer von Cannero Riviera entfernt am Sonnenhang.

CANNOBINATAL (VALLE CANNOBINA) (133 E–F 5–6) *(🕮 D–E 3–4)*

Trainierte können das wildromantische Tal, in dem die Dörfer wie Vogelnester an den felsigen Flanken kleben, per Rad erkunden. Die Rundfahrt von Ascona über Cannobio, Cannobinatal und Centovalli zurück nach Ascona misst rund 70 km. Faszinierend ist der *Orrido di Sant'Anna*, die tiefe Klamm am Taleingang mit rauschenden Sturzbächen. Einen INSIDER TIPP schönen Blick auf die abends beleuchtete Schlucht bietet das *Grotto Sant'Anna (Mo geschl. | Via Sannt'Anna 30 | Tel. 0323370682 | €€)*. Dass das kleine Lokal fast immer voll ist, sagt alles über die Qualität der Küche – Reservierung empfohlen!

CANNOBIO (134 A6) *(🕮 E4)*
So schön die Strecke von Ascona bis zum pittoresken Cannobio (5100 Ew.) ist, auf der schmalen, dem kurvigen Ufer folgenden Straße quälen sich im Sommer oft ganze Wagenkolonnen; ein Wohnmobil, das einen Reisebus passieren muss – schon stockt es. Der Weg lohnt sich trotzdem. Das erste Dorf auf der italienischen Seite hat seine Seepromenade sorgfältig renoviert und weitgehend vom Verkehr befreit. Sein Charme trotzt jedem touristischen Ansturm. Die guten Windverhältnisse um die Mittagszeit schaffen zudem ideale Bedingungen für Kite- und Windsurfer sowie Segler.

Jeden Sonntag ist an der Uferpromenade ein stark besuchter Markt. Hier gibt es einfach alles: Ramsch und modische Klamotten, Kupferkessel und DVDs. Seit über 100 Jahren als Weinhändler aktiv, bietet *Casa Bava (Piazza 27/28 Maggio 8 | www.casabava.com)* eine große Auswahl italienischer Weine. Beliebtes Ziel ist das Dorf zudem für Campingferien: Nicht weniger als neun Plätze gibt es auf dem Gemeindegebiet. Eine Institution ist das Restaurant *Antico Sempione (tgl. | Via Casali Sempione 3 | Tel. 0 32 37 19 20 | www.anticosempione.it | €€)*, wo bereits im 18. Jh. Pilger einkehrten. Ganz in der Nähe befindet sich die Heilquelle *Acqua Carlina.* Noch heute kommen Menschen von weit her und füllen sich etwas von dem Wasser ab. Auskunft: *Via Antonio Giovanola 25 | Tel. 0 32 37 12 12 | www.procannobio.it*

Sumpfzypressen, Rhododendren, Azaleen: Botanisches Multikulti herrscht auf San Pancrazio

RONCO SOPRA ASCONA ☀
(134 B4) *(🕮 E–F3)*
Ein Halt in in dem Dörfchen hoch überm See lohnt sich vor allem wegen des wunderbaren Blicks von der Piazza bei der Kirche über den Lago Maggiore. Vom Monte Verità oberhalb von Ascona führt ein schöner Höhenweg in das ehemalige Bauerndorf, in dem heute viele Villen stehen.

COSTA FIORITA

Luino (15 000 Ew.), bekannt für seinen farbigen Wochenmarkt, ist das Aushängeschild der Costa Fiorita, des 50 km langen Abschnitts am Ostufer zwischen der schweizerisch-italienischen Grenze und der geschäftigen Kleinstadt Sesto Calende am südlichen Seeende.

Er ist nicht so sonnenverwöhnt und urwüchsiger als das piemontesische Westufer. Bodenständigkeit macht den Charme der Costa Fiorita aus. Laveno, Ispra und Angera sind kleine Dörfer mit stillen Uferpromenaden. Die Badebuchten sind hier meist klein und daher ruhig.

SEHENSWERTES

ARCUMEGGIA ● (140 A2–3) *(🗺 E6)*

Der 30-Seelen-Ort oberhalb von Porto Valtravaglia ist ein malerisches Bergdorf – im wörtlichen Sinn: Seit 1957 hinterlassen zahlreiche Künstler ihre Fresken an den Fassaden der Häuser. Wenn Sie Glück haben, können Sie einem Maler bei der Arbeit zuschauen. In der *Locanda del Pittore (Mo geschl. | Piazza Minoia | Tel. 0332265116 | www.arcumeggia.it | €€)* gibt es vorzügliche lokale Gerichte.

MACCAGNO (134 B6) *(🗺 F4)*

Dank dem Fluss Giona, der im Lauf von Jahrtausenden eine Landzunge in den Lago Maggiore geschwemmt hat, verfügt das Dorf über einen mehrere Hundert Meter langen Kiesbadestrand. Abwechslung ins Strandleben bringt das *Museo Civico Parisi Valle (Fr–So 14.30–18.30, Sa/So auch 10–12 Uhr | Via Giampaolo 1 | www.museoparisivalle.it)*, das unübersehbar in einem Stahlbetonbau auf einer Brücke an der Flussmündung thront. Zu sehen gibt es Wechselausstellungen sowie Fundstücke aus dem Spätmittelalter, als Maccagno das Privileg genoss, eigene Münzen prägen zu dürfen.

ROCCA BORROMEO DI ANGERA ★ (139 E5) *(🗺 D7)*

Die mächtige Burg, die seit dem 12. Jh. auf einer Anhöhe thront, beeindruckt schon vom gegenüberliegenden Ufer in Arona. Auf unzählige Räume verteilt, beherbergt die Festung heute ein ● *Museum* für Puppen, Spielzeug und Spielautomaten aus aller Welt. Räume ohne Exponate beeindrucken mit der puren Pracht ihrer mittelalterlichen Fresken und alten Möbel. Wer die schmale Holztreppe in den INSIDER TIPP Turm hochsteigt, wird mit einer überwältigenden Aussicht belohnt. *Mitte März–Mitte Okt. tgl. 9–17.30 Uhr | www.isoleborromee.it/angera.html*

INSIDER TIPP SANTA CATERINA DEL SASSO ● (139 E–F3) *(🗺 D6)*

Im Jahr 1170 geriet der Kaufmann Albertus Besozzi bei einem Sturm in Seenot. Er schwor der hl. Caterina von Alexandrien, im Fall seiner Rettung fortan zu ihren Ehren als Eremit zu leben. Tatsächlich zog er sich danach in eine Felshöhle zurück. Bald wurde er von der Bevölkerung als Heiliger verehrt. Seine sterblichen Überreste – ein aus Holz nachgebildetes Skelett sowie die restlichen echten Knochen – können besichtigt werden. Rund um die Grotte entstand ein Kloster, das wie ein Schwalbennest am Felsen klebt. Selbst jenen, die mit Religion nichts am Hut haben, verschlägt der atemraubende Blick über den See die Sprache. Imposant ist auch die alte Traubenpresse, mit der die Mönche einst die Erträge ihrer Güter verarbeiteten. *März–Okt. tgl. 9–12 und 14–18, Nov.–Feb. Sa/So 9–12 und 14–17 Uhr | www.santacaterinadelsasso.com*

Mittelalterliche Fresken und ein Puppenmuseum: Rocca di Angera

SASSO DEL FERRO

(139 F3) *(E6)*

„Farbeimerbahn" nennen die Einheimischen die Seilbahn *(stark gestaffelte Zeiten, Kernzeit Mitte März–Okt. tgl. 11–18, im Sommer bis 23 Uhr | Via Tinelli 15 | Laveno | www.sassodelferro.com)*, weil die engen Gondeln rund wie Eimer sind. Auf der 16-minütigen Fahrt auf den 1062 m hohen Panoramaberg werden Sie feststellen: Nur Fliegen ist schöner. Wagemutige kehren daher mit dem Gleitschirm nach Laveno zurück.

INSIDER TIPP VILLA DELLA PORTA BOZZOLO

(140 A3) *(E6)*

Bei Casalzuigno an der Straße von Laveno ins Cuviatal liegt umgeben von grüner Wildnis die barocke Villen- und Parkanlage der Familie Porta, die es zu Geld und Adel gebracht hatte. Großartige Terrassenanlagen im Park, prächtiger Ballsaal im Inneren. *März–Sept. Mi–So 10–18, Okt./Nov. 10–17 Uhr | www.visitfai.it/villadellaportabozzolo*

ESSEN & TRINKEN

FATTORIA ROCCOLO

(134 C6) *(F4)*

Die Anfahrt zu diesem abgelegenen Landgasthof an der Straße von Dumenza nach Curiglia lohnt sich – allein schon wegen der Aussicht auf das Veddascatal. Dazu servieren Pinuccia und Albino Bucher Gerichte aus eigener landwirtschaftlicher Produktion. Wer nach dem Abendessen nicht nach Hause will, kann in einem der vier Zimmer günstig übernachten. Reservieren! *Tgl. | Dumenza | Tel. 03 32 56 84 77 | www.fattoriaroccolo.com | €*

TRATTORIA LOCANDA SOLE

(139 F6) *(E8)*

Wenn Sie in Sesto Calende vom Kai am Flussufer in den kleinen Innenhof treten, glauben Sie sich nicht unbedingt in einem Restaurant – und schon gar nicht in einem, in dem man so aufmerksam bedient wird und so rustikal isst. Kein geschniegeltes Feinschmeckerlokal, sondern viel italienische Atmosphäre. *Di geschl. | Ruga del Porto Vecchio 1 | Tel. 03 31 9130 92 | www.solesesto.it | €€*

RISTORANTE TIFFANY (140 B1) (*🗺 F5*)
Das Lokal in Luino mit toller Seeterrasse setzt auf das Null-Kilometer-Prinzip: Forelle, Hecht und Barsch aus dem See, Bresaola oder Ziegenkeule aus den umliegenden Bergen. *Tgl. | Via Palazzi | Tel. 03 32 5108 55 | www.caminhotel.com | €€€*

EINKAUFEN

MARKT IN LUINO ● (140 B1) (*🗺 F5*)
Jeden Mittwoch verwandelt sich das Kleinstädtchen mit seiner von imposanten Platanen gesäumten Uferpromenade in ein Meer von Ständen mit Lederwaren, Haushaltsartikeln, Nahrungsmitteln und allerlei Krimskrams. Der *mercato* existiert seit 500 Jahren und ist im Sommer ziemlich überlaufen. In der Vor- oder Nachsaison aber bewegt man sich in einem anregenden, typisch italienischen Ambiente. Auf jeden Fall reist man wegen mangelnder Parkplätze besser mit dem Schiff an. Die *Navigazione Laghi* setzt für den Markttag Sonderschiffe ein.

AM ABEND

INSIDER TIPP **LIDO DI LUINO**
(140 B1) (*🗺 F5*)
Tanzen direkt am See. In den Sommermonaten schallt Diskomusik bis ans Westufer. Der beliebte Vergnügungstempel hat auch zwei Schwimmbecken.

ÜBERNACHTEN

CAMPING (139 E–F6) (*🗺 D–E8*)
Das Angebot an Campingplätzen am Südzipfel des Sees ist groß, zum Beispiel der *Italia Lido Camping (Via Cicognola | Tel. 03 31 92 30 32 | www.campingitalia*

Der nördlichste Zipfel des Ostufers gehört zur Schweiz: Uferpromenade im Gambarogno

lido.it) in Castelletto Ticino. Das nahe Dormelletto verfügt gleich über mehrere Campingplätze. Viele Einkaufszentren sind in der Nähe.

PAVONE (139 E5) *(🕮 D7)*
Ein kleines Familienhotel in Angera, zentral gelegen. Im Restaurant *Vecchia Angera* feine regionale Küche. *14 Zi. | Via Borromeo 14 | Tel. 03 31 93 02 24 | www.hotelpavone.it* | €€

TRE RE (139 F6) *(🕮 E8)*
Das Hotel in Sesto Calende direkt am Ufer des Ticino ist ein idealer Ausgangspunkt für Ausflüge in den Parco Ticino. *35 Zi. | Piazza Garibaldi 25 | Tel. 03 31 92 42 29 | www.hotel3re.it* | €€

AUSKUNFT

Via P. Chiara 1 | Luino (140 B1) *(🕮 F5) | Tel. 03 32 53 00 19 | www.vareseturismo.it*

ZIEL IN DER UMGEBUNG

INSIDER TIPP **PARCO DEL TICINO**
(139 F6) *(🕮 E8)*
Die grüne Lunge der Metropole Mailand, der Parco Lombardo della Valle del Ticino, das Naturschutzgebiet der Flusslandschaft des Ticino, reicht vom Seeende in Sesto Calende über 50 km in den Süden, bis zur Mündung in den Po bei Pavia. Es ist ein Erlebnis, unter Pappeln und Weiden an den ehemaligen Schifffahrtskanälen entlangzustreifen, zu sehen, wie sich der Fluss in unzählige Äste verzweigt, sich seinen Weg sucht und eine Oase der Ruhe und der Langsamkeit geschaffen hat. In dieser urwüchsigen Landschaft nisten viele Vogelarten. Man kann den Park mit dem Auto ansteuern, eindrucksvoller und erholsamer ist es aber, ab Sesto Calende auf dem Ufersträßchen mit dem Rad auf Entdeckungsreise zu gehen. Auskünfte über Fahrradverleih bekommen Sie bei der Parkverwaltung *(Tel. 03 21 51 77 06 | www.parcoticino.it)*. Tourismusbüro: *Sesto Calende | Viale Italia 3 | Tel. 03 31 92 33 29 | www.prosestocalende.it*

GAMBA-ROGNO

(134 B–C 4–5) *(🕮 F–G3)* **Dieser im Sommer sonnendurchflutete Landstrich am Ostufer des Sees gehört zur Schweiz.** Gut ausgeschilderte Wanderwege ziehen sich 200 km lang in allen Richtungen durch Kastanienwälder, Buchenhaine, Schilflandschaften und entlang der Strände. Die gelb und rot gestrichenen Häuser in den Dörfern Magadino, Vira, San Nazzaro, Gerra und Caviano muten schon sehr italienisch an.

SEHENSWERTES

BOLLE DI MAGADINO
Ein noch weitgehend natürliches Flussdelta: Die Sumpflandschaft auf den Schwemmebenen der Flüsse Verzasca und Ticino ist ein Naturschutzgebiet, in dem rund 300 Vogelarten nisten. *Führungen April–Okt., Juli/Aug. Do auch Führungen mit dem Ruderboot | Tel. 09 17 95 31 15 | www.bolledimagadino.com* oder *Tourismusbüro Gambarogno | Vira | Tel. 09 17 59 77 04 | www.gambarognoturismo.ch*

INSIDER TIPP **PARCO BOTANICO DEL GAMBAROGNO**
Der Baum- und Blumenzüchter Otto Eisenhut hat bei Vairano einen prachtvollen Garten mit Kamelien (über 1000 Sorten!), Magnolien, Azaleen, Pfingstrosen usw. geschaffen. *Tgl. 9–18 Uhr | www.parcobotanico.ch*

ESSEN & TRINKEN

GROTTO LA BAITA

In diesem Grotto in Magadino-Orgnana trifft man dank Tessiner Spezialitäten zu erschwinglichen Preisen viele Einheimische. *Mo/Di geschl. | Tel. 0917804338 | www.grottolabaita.ch* | €€

LA FOSANELLA

Im Weiler *Fosano* auf einem Plateau hoch über Vira. Die Aussicht von der Terrasse ist ebenso ein Genuss wie die gutbürgerliche Küche. *Im Sommer tgl. | Tel. 0917951616 | www.fosanella.ch* | €€

ÜBERNACHTEN

SASS DA GRÜM

Das Ökohotel trägt den Zusatz „Ort der Kraft". Wissenschaftlich bestätigt sind positive Strahlenwerte, die sich u. a. durch die Lage auf einem Plateau und eine Wasserader erklären. Restaurant mit biologisch-vegetarischer Küche. *19 Zi. | Via Campea 27 | San Nazzaro | Tel. 0917852171 | www.sassdagruem.ch* | €€

AUSKUNFT

Via Cantonale | Vira | Tel. 0848091091 | www.gambarognoturismo.ch

LOCARNO

KARTE IM HINTEREN UMSCHLAG (134 B–C4) (*F2–3*) **In Locarno (16 000 Ew.) dreht sich alles um die Piazza Grande – nicht nur im August, wenn während des Filmfestivals ein Hauch von Hollywood durch das Städtchen weht.**

Die 7000 Zuschauer sind sich dann einig: Die Piazza Grande ist der schönste Kinosaal der Welt. Ins Schwärmen geraten auch die Musiker, die bei der Konzertreihe Moon & Stars auftreten. Für die Sängerin Pink ist die Piazza Grande schlicht „der schönste Platz der Welt". Legendär ist das Gitarrensolo von Lenny Kravitz auf einem Balkon. Wenn er über Locarno spricht, schwingt Begeisterung mit: „Ich liebe die Piazza Grande! Hier verdichten sich Romantik und Geschichte." Was Kravitz damit meint, können Sie sich bei einem Espresso in der Bar Verbano überlegen: Von dort aus haben Sie die geschwungene Häuserzeile mit den Arkaden gut im Blickfeld.

Nicht verschwiegen sei, dass klotzige Siedlungen manchen Berghang und ausladende Gewerbegebiete das Tal zerstören. Ein 5,5 km langer Straßentunnel entlastet inzwischen die Innenstadt vom chaotischen Autoverkehr. Still und verwinkelt sind die Gassen in der anheimelnden Altstadt geblieben.

SEHENSWERTES

CASTELLO VISCONTEO

Von der Burganlage, die die Mailänder Herzogsfamilie Visconti im 14. Jh. bauen ließ, ist heute nur noch das Schloss übrig. Dahinter versteckt sich zudem ein Bollwerk *(Rivellino)* das gemäß neuer Erkenntnisse Leonardo da Vinci gebaut hat. Das Kastell mit dem markanten runden Turm beherbergt das *Archäologische Museum* mit einer Sammlung römischer Gläser und Vasen. *April–Okt. Di–So 10–12 und 14–17 Uhr | Piazza Castello 2*

GHISLA ART COLLECTION

Ja, noch eine Kunstsammlung. Aber was für eine! Der rote Kubus ist eine zeitgenössische Wunderkammer mit Werken von Fernando Botero, Roy Lichtenstein, René Magritte und Pablo Picasso. *Mi–So 13.30–18 Uhr | Via Ciseri 3 | www.ghisla-art.ch*

MADONNA DEL SASSO

Die barocke Wallfahrtskirche thront wie ein Schutzengel über Locarno. Sie erreichen sie zu Fuß auf dem Kreuzweg – mit herrlicher Aussicht über Stadt und See. Wer den halbstündigen Treppenaufgang scheut, nimmt die Standseilbahn *(funicolare)*, die alle 15 Minuten von der Via Ramogna fährt. Das Gotteshaus aus dem 16. Jh. enthält eindrucksvolle Votivmalereien sowie lebensgroße Holzfiguren. *Via Santuario 2 | Orselina*

Die Wallfahrtskirche Madonna del Sasso thront 150 m über Locarno

ESSEN & TRINKEN

OSTERIA DEL CENTENARIO

Mediterrane Küche mit hohem Genussfaktor. *So/Mo geschl. | Viale Verbano 17 | Tel. 0917438222 | osteriacentenario.ch |* €€€

RISTORANTE IL CHIODO

Haben Sie schon mal eine *pinsa* probiert? Dieses altrömische Gericht enthält weniger Kohlenhydrate als eine Pizza und ist leichter verdaulich. Wer's deftiger mag, bestellt die andere Spezialität des Hauses: Burger! *Nov.–Feb. Mi geschl. | Viale Verbano 13 | Tel. 0917591122 | www.ilchiodo.ch |* €–€€

LOCANDA LOCARNESE

Das Städtchen weist eine ansehnliche Dichte an Gourmetlokalen aus; die Locanda bietet ihre Genüsse gleich neben der Piazza Grande in stilvoll-schlichtem Ambiente an. *So geschl. | Via Bossi 1 | Tel. 0917568756 | www.locandalocarnese.ch |* €€

GROTTO SCALINATA

Das Scalinata in den Hügeln oberhalb von Tenero erfüllt alle Erwartungen, die man in ein Grotto setzt: auf dem Feuer zubereitete Polenta, Gemüse aus dem Garten, Wein aus dem benachbarten Rebberg, moderate Preise. *Di geschl. | Tenero | Via Contra 60 | Tel. 0917452981 | www.grotto-scalinata.ch |* €€

EINKAUFEN

Im überschaubaren Locarno lässt es sich sehr gut und entspannt einkaufen. An der Piazza Grande und in der Altstadt gibt es viele Geschäfte und Boutiquen.

FREIZEIT & SPORT

BUNGEEJUMPING

Wagemutige können sich von der 70 m hohen Eisenbahnbrücke in Intragna oder am Verzasca-Staudamm in Tenero-Contra 220 m in die Tiefe stürzen: Hier wurde der berühmte Sprung im James-Bond-Film „Golden Eye" gedreht. *Beide April–Okt. | Tel. 0917807800 | www.trekking.ch*

FLUSSBADEN

Wer in oder um Locarno Urlaub macht, darf auf keinen Fall verpassen, sich auf den zu bizarren Formen geschliffenen Felsen der nahen Bergbäche in der Sonne zu räkeln und sich im kristallklaren, kalten Wasser zu erfrischen. Es gibt unzählige Badeplätze, vor allem an der *Maggia* (z. B. bei Ponte Brolla oder zwischen Brontallo und Broglio), im Centovalli an der *Melezza* (zwischen Verscio und Cavigliano) oder an der *Verzasca* (bei Lavertezzo). Aber Vorsicht bei den glatten Steinen und bei Strudeln: Immer wieder kommt es zu schweren Badeunfällen!

LIDO

Nach dem Adrenalinkick auf der Loopingrutsche kann man im Ruhebecken relaxen. Im Sommer große Liegewiese am See, abends Musik und Unterhaltung. *Tgl. 8.30–21 Uhr | Via Respini 11 | www.lidolocarno.ch*

AM ABEND

Die Anlaufstelle vom Aperitif bis zum After-Dinner ist die INSIDER TIPP *Pardo Bar (Via della Motta 3 | www.pardobar.com)* mit Musik und Drinks. Anschließend geht es ins *Vanilla (nur Sa 23–5 Uhr | Via Cantonale | www.vanillaclub.com)*, die Diskothek etwas außerhalb in Riazzino mit sechs Dancefloors.

ÜBERNACHTEN

LA BARCA BLU

Traumhaft gelegenes Dreisternehaus oberhalb von Locarno. Für Gäste, die noch höher hinauswollen, stehen gratis Mountainbikes zur Verfügung. *21 Zi. | Via al Parco 2 | Tel. 0917434760 | www.barcablu.ch | €€*

HOTEL MIRAFIORI

Das gemütliche Hotel hoch über Locarno in Orselina mit herrlicher Sicht über den See ist ein idealer Ausgangspunkt für Wanderungen. *25 Zi. | Via al Parco 25 | Tel. 0917431877 | www.hotelmirafiori.ch | €€–€€€*

VILLA NOVECENTO

Das Ehepaar Herdeg-Engelhard hat in dem über 100-jährigen Haus seinen Traum von einem Biohotel mitten in der Stadt verwirklicht. Das Frühstück wird im Garten serviert. Nur wenige Gehminuten vom Bahnhof. *6 Zi. | Via Buetti 1 | Tel. 0917434593 | www.novecento.ch | €€*

LA RINASCENTE

Der Palazzo aus dem Jahr 1550 in der Altstadt feierte als Boutiquehotel eine Renaissance – daher der Name „die Wiedergeborene". *16 Zi. | Via al Tazzino 3 | Tel. 0917511331 | www.hotel-rinascente.ch | €€*

AUSKUNFT

Largo Zorzi 1 | Tel. 0848091091 | www.ascona-locarno.com

Abgelegen im oberen Maggiatal: Mario Bottas geschwungene Kirche San Giovanni Battista

ZIELE IN DER UMGEBUNG

CARDADA UND CIMETTA

(134 B3–4) (*F2*)

Kabinen sowie Tal- und Bergstation der Luftseilbahn Orselina–Cardada wurden nach Plänen des großen Tessiner Architekten Mario Botta errichtet. Die extravaganten Gondeln garantieren atemraubende Tiefblicke. Oben bieten Locarnos Hausberge Cardada (1332 m) und Cimetta (1672 m) beste Bedingungen für Wanderer und Mountainbiker – die Aussicht ist grandios. In schneereichen Wintern kann man hoch über den Palmen und dem See sogar Ski fahren. Mit der Standseilbahn von der Via Ramogna zuerst nach Orselina. *Kabinenbahn Kernzeit tgl. 9.15–18.15, Juni–Aug. 7.45–19.45 Uhr | www.cardada.ch*

MAGGIATAL (VALLE MAGGIA)

(133 D–F 1–2, 134 A–B 1–4) (*C–F 1–2*)

Die Valle Maggia führt von den Palmen Locarnos zum eiskalten Gletscher des Basodino. Unbedingt besuchenswert ist die vom Tessiner Architekten Mario Botta in kühnem Wurf konzipierte Bergkirche *San Giovanni Battista* im abgelegenen *Mogno,* das eine kurvenreiche Anfahrt erfordert. Mühsam ist auch die Fahrt nach *Bosco Gurin (www.boscogurin.ch).* Die Amtssprache in dem höchstgelegenen ganzjährig bewohnten Ort des Tessins ist Deutsch. Das *Museum (Ostern–Okt. Di–Sa 10–11.30 und 13.30–17, So 13.30–17 Uhr | www.walserhaus.ch)* erzählt die Geschichte der deutschsprachigen Walser. Im Winter ist das Gebiet ein schneesicheres Skiparadies. Umweltfreundliche Erholung im Wald mit Wellness bietet im unteren Maggiatal zwischen Coglio und Giumaglio das Ökohotel *Cristallina (15 Zi. | Tel. 09 17 53 11 41 | www.hotel-cristallina.ch | €–€€).*

INSIDER TIPP ONSERNONETAL (VALLE ONSERNONE)

(133 E–F3, 134 A3–4) (*D–E2*)

Das wildromantische Tal mit seiner kurvenreichen Straße und den neun pittoresken Dörfern von Auressio bis Spruga ist an sich schon eine Sehenswürdigkeit. Dies fand auch der große Schweizer Schriftsteller Max Frisch, der von 1962 bis zu seinem Tod 1991 im Dorf *Berzona* lebte. Sein Nachbar war Alfred Andersch, der ebenda begraben liegt. Ohne die Deutschschweizer Aussteiger, die in den 1970er-Jahren nach einem alternativen Leben suchten, wäre das Tal heute entvölkert. In *Loco* lohnt ein liebevoll eingerichtetes, kleines *Talmuseum (April–Okt. Mi, Do, Sa und So, Juli–Okt. auch Fr 14–17 Uhr | www.onsernone.ch).*

VERSCIO (134 B4) *(🕮 F2)*

Das kleine Verscio (900 Ew.) zehn Autominuten von Locarno Richtung Centovalli hat einen internationalen Ruf. Der 2016 verstorbene ● Clown Dimitri baute hier ein Theater und eine anerkannte Artistenschule auf. Nach der Vorstellung treffen sich die Nachfolger von Dimitri und Besucher im *Ristorante del Teatro* bei einem Merlot und Snacks. Verspielt ist das im gleichen Haus untergebrachte *Museo Comico (März–Nov. bei Vorstellungen 17–24 Uhr | Tel. 0917961544 | www.teatrodimitri.ch).*

VERZASCATAL (VAL VERZASCA) (134 B–C 1–3) *(🕮 F–G 1–2)*

Das Verzascatal *(www.verzasca.com)* ist das Mekka der Taucher und Sonnenbader. Die pittoresken Formen, die der Fluss in sein Gneisbett geschliffen hat, bilden eine einzigartige Unterwasserwelt. Das smaragdgrüne Wasser macht aus dem engen Tal mit den gewaltigen, drohend wirkenden Felswänden eine spektakuläre, unverfälschte Naturschönheit. Die große Talsperre am Taleingang 10 km von Locarno begrenzt einen mächtigen Stausee. Weiter hinten hält das Tal einige Perlen bereit – etwa die Minisiedlung *Corippo,* die wegen ihrer architektonischen Einheit unter Schutz steht, oder der mittelalterliche *Ponte dei Salti* in Lavertezzo, der kühn die grüne Verzasca überspannt. Wer bis in die hinterste Ortschaft, *Sonogno,* vordringt, entspannt sich im *Grotto Efra (tgl. | Tel. 0917461173 | www.grotto*

Fifty Shades of Grey: Die Granitformationen der Verzasca faszinieren nicht nur Taucher

efra.ch | €), wo *salametti* und *formaggini* den Gaumen, der Wasserfall das Auge und die Sonne das Gemüt erfreuen.

STRESA

(139 E3) *(🕮 D6)* **Sogar der Orient-Express hielt auf seiner Fahrt von Paris nach Istanbul in Stresa (5000 Ew.). Kein Wunder, zwingt doch die eindrucksvolle Lage zu Füßen des Mottarone am See mit dem Blick auf die Borromäischen Inseln zum Innehalten.**

Vor allem für englische Reisende avancierte Stresa im 19. Jh. zur Traumdestination par excellence. Die Architektur ihrer Epoche brachten die Briten gleich mit: Pompöse viktorianische Paläste mit weitläufigen Parkanlagen prägen die Uferpromenade bis heute. Und in Luxushotels wie dem ● *Grand Hôtel des Iles Borromées (179 Zi. | Corso Umberto I 67 | Tel. 03 23 93 89 38 | www.borromees.it | €€€)*, dem Regina Palace, Astoria oder Grand Hotel Bristol spürt man immer noch den Geist der Belle Époque. Viel zum Mythos von Stresa trugen auch illustre Gäste wie Richard Wagner, Charles Dickens, Stendhal, Lord Byron oder Ernest Hemingway bei. Letzterer siedelte hier einige Kapitel seines Romans „In einem anderen Land" an. Weltberühmt wurde Stresa darüber hinaus durch die Konferenz, die hier im April 1935 stattfand: Frankreich, Großbritannien und Italien berieten sich auf der Isola Bella über die sich abzeichnende Kriegs- und Expansionspolitik des Deutschen Reichs, das kurz zuvor die Wehrpflicht wieder eingeführt hatte.

Ein besonderes Ereignis sind bis heute die *Settimane Musicali di Stresa (www.stresafestival.eu)*, die alljährlich stattfindenden Musikwochen: Im August und September geben sich weltbekannte Kammer- und Symphonieorchester ein Stelldichein. Fast das ganze Jahr über Ferienstimmung herrscht in der Fußgängerstraße Via Mazzini und an der zentralen Piazza Cadorna mit ihren zahlreichen Restaurants.

SEHENSWERTES

PARCO DELLA VILLA PALLAVICINO

Im Frühjahr, wenn die Kamelien ihre Pracht entfalten, spazieren Besucher des botanischen Gartens durch ein Blütenmeer. Den englischen Landschaftsgarten legte im 19. Jh. der Marchese Pallavicino an. Im kleinen Zoo können Kinder Hirsche oder Lamas streicheln. *März–Okt. tgl. 9–19 Uhr | an der Straße nach Arona | www.parcopallavicino.it*

ESSEN & TRINKEN

ORIENT EXPRESS

Der Geheimtipp am Bahnhof; viele sagen, hier gebe es die beste Pizza der Stadt. *Mo geschl. | Piazzale Stazione 8 | Tel. 03 23 93 43 65 | €*

PIEMONTESE

Gediegenes, ruhiges Restaurant mitten in der Stadt. Freuen Sie sich auf Entenleberterrine und Lammkarree, eine reichhaltige Käseplatte und ausgezeichnete Desserts. *Mo, Okt.–März auch So-Abend geschl. | Via Mazzini 25 | Tel. 0 32 33 02 35 | www.ristorantepiemontese.com | €€*

ÜBERNACHTEN

HOTEL ELENA

Die Piazza Cadorna 100 m vom See ist die gute Stube von Stresa. Hier liegt das einfache, familiär geführte Hotel. Haustiere sind willkommen. *14 Zi. | Piazza Cadorna 15 | Tel. 0 32 33 10 43 | www.hotelelena.com | €*

Eine Schöne auf der „Schönen Insel“: Grotte im barocken Palazzo Borromeo auf der Isola Bella

REGINA PALACE

Wer sich eine volle Ladung Jugendstil gönnen will (und sie sich auch leisten kann), ist hier richtig. Schlafen unterm Baldachin – aber mit Klimaanlage – und mit Blick auf die Isole Borromee. *214 Zi. | Corso Umberto 33 | Tel. 03 23 93 69 36 | www.regina-palace.it | €€€*

AUSKUNFT

Piazza Marconi 16 | Tel. 0 32 33 01 50 | www.distrettolaghi.it

ZIELE IN DER UMGEBUNG

ARONA (139 E5) *(D7–8)*

Die Kleinstadt (16 000 Ew.) 15 km südlich ist der ideale Ort zum Flanieren. Das Zentrum ist geprägt von einer autofreien, lebendigen Einkaufsstraße. Arona ist die Geburtsstadt von Carlo Borromeo, der im 16. Jh. als Erzbischof von Mailand gegen die Protestanten kämpfte und während der Pestepidemie mit Versorgungsmaßnahmen zahlreichen Menschen das Leben rettete. Seine *Burg* ist heute eine Ruine, die Aussicht dagegen grandios – sowohl auf den See wie auch auf die Zwillingsburg in Angera. Der hl. Karl steht nebenan als 23 m hohe Statue *Sancarlone,* die durch eine steile Treppe im Inneren bestiegen werden kann. Durch Auge, Mund und Nase blickt man auf den See.

Ein sympathischer Treffpunkt ist das *Café de la Sera (Mo-Mittag geschl. | Lungolago Marconi 85 | Tel. 03 22 24 15 67 | €)* – hierher kommen die Einheimischen, sei es mittags zu einer kleinen Mahlzeit oder abends für einen Cocktail. Zentral liegt das *Hotel Giardino (55 Zi. | Corso Repubblica 1 | Tel. 0 32 24 59 94 | www.giardinoarona.com | €€)*. Auskunft: *Piazzale Duca d'Aosta | Tel. 03 22 24 36 01*

BORROMÄISCHE INSELN (ISOLE BORROMEE) ★ (139 E3) *(D6)*

Seit mehr als 300 Jahren erliegen Reisende dem Zauber der drei Inseln Isola

Bella, Isola Madre und Isola dei Pescatori im Borromäischen Golf *(www.isoleborromee.it)*. Zu den Inseln fahren Linienschiffe ab Stresa, Pallanza und Baveno. Mit Eintritt und Fahrkarte kein billiges Vergnügen!

Die ● *Isola Bella (Ende März–Okt. tgl. 9–17.30 Uhr)* beschrieben Reisende im 18. und 19. Jh. als ein Weltwunder. Das Schloss und den Park, der an die hängenden Gärten von Babylon erinnern sollte, ließ Carlo Borromeo III im 17. Jh. für seine Frau Isabella d'Adda errichten. Barocke Lust an Üppigkeit spiegeln die Säle im Palazzo wider. Eigentümlich wirken die mit Kieselsteinen aus dem See verzierten Grotten. Im blühenden Garten, in dem weiße Pfauen ihr Rad schlagen, gehen raffiniert gestaltete Terrassen ineinander über.

Die größte der Inseln ist die *Isola Madre (Ende März–Okt. tgl. 9–17.30 Uhr)*. Ihr botanischer Garten war für den französischen Schriftsteller Gustave Flaubert der „sinnlichste Ort" der Welt. Im Schloss sind eine umfangreiche Puppen- und Porzellansammlung, Bühnenbilder der Mailänder Scala aus dem 19. Jh. sowie alte Marionettentheater zu sehen.

Gratis ist der Besuch auf der *Isola dei Pescatori* (auch: *Isola Superiore*). Die alte, verwinkelte Fischersiedlung versteckt sich heute hinter Dutzenden von Souvenirläden.

FERIOLO (139 D2) *(🕮 C5)*

Das romantische Fischer- und Steinmetzdörfchen 8 km nördlich von Stresa schmiegt sich an eine kleine Bucht abseits der Staatsstraße Richtung Verbania. An der Anlegestelle befindet sich auf einem Schiff aus den 1950er-Jahren das Restaurant *Il Battello del Sole (Mo geschl. | Tel. 0323 28122 | €–€€)*. Stammkunden schätzen vor allem die hausgemachten Nudelgerichte.

GIGNESE (139 D–E3) *(🕮 D6)*

In dem Dorf knapp 10 km westlich an der Bergstraße von Stresa zum Ortasee steht das ● Schirmmuseum *Museo dell'Ombrello (April–Sept. Di–So 10–12 und 15–18 Uhr | www.gignese.it/museo)* mit mehr als 1000 Einzelstücken und einer alten Werkstatt. Die Schirmherstellung war lange Zeit die Haupteinnahmequelle der umliegenden Dörfer.

MOTTARONE ★ (139 D3) *(🕮 C6)*

Der Aussichtsberg (1491 m) verlockt zum Wandern, Klettern, Mountainbiken und im Winter zum Skifahren. Seit 2010 gibt es auch eine 800 m lange, ganzjährig geöffnete Rodelbahn. *Bicicò (www.bicico.it)* mit Büro in der Seilbahnstation organisiert Bikeausflüge und Klettertouren im Felsenpark. Informativ ist ein Streifzug durch den botanischen Garten *Alpinia (April–Okt. tgl. 9.30–18 Uhr)* auf halber Höhe mit über 700 Arten von Alpen- und Heilpflanzen. Die private Panoramastraße *Strada Borromea* ist mautpflichtig.

ORTASEE (LAGO D'ORTA) ★ (138 C3–5) *(🕮 C6–7)*

Cenerentola, Aschenputtel, wird der 30 Autominuten von Stresa entfernte, nur gut 12 km lange Lago d'Orta mitunter genannt, weil der westlichste der Seen viel weniger bekannt ist als seine drei großen Nachbarn. Doch „Aschenputtel" geizt nicht mit Reizen! Wetten, dass Sie der malerische Ortskern von *Orta San Giulio* (1200 Ew.) mit seinen engen Gassen und Arkaden begeistern wird? In den Cafés und Boutiquen rund um die *Piazza Motta*, wo seit 1228 immer am Mittwoch ein Markt stattfindet, vergeht die Wartezeit auf das Taxiboot wie im Flug.

Ein Ausflug auf die nur 400 m entfernte *Isola di San Giulio* mit der gleichnamigen romanischen Basilika ist ein Muss. Auf dem Inselrundweg *Via del Silenzio* können Sie über den Wahrheitsgehalt des Sprichworts „Reden ist Silber, Schweigen ist Gold" sinnieren. Wieder zurück, können Sie von der Piazza Motta auf dem alten Pilgerweg zum *Sacro Monte di Orta (www.sacromonte-orta.com)* hinaufmarschieren. Sie lernen dabei das Who's-who der katholischen Heiligen kennen, säumen doch exakt 376 lebensgroße Statuen den Weg hoch zur Kapelle mit der schönen Aussichtsterrasse.

Wenn Sie sich am Abend ein sündhaft teures Vergnügen leisten wollen, reservieren Sie einen Tisch bei Starkoch Antonino Cannavacciuolo, der im Hotel *Villa Crespi (Di-Mittag und Mo geschl. | Via Fava 18 | Tel. 03 22 91 19 02 | www.villacrespi.it | €€€)* aufkocht. Als Alternative bietet sich die *Taverna Antico Agnello (Di geschl. | Via Olina 18 | Tel. 0 32 29 02 59 | €€)* an, während Sie in der *Villa Pinin (4 Zi. | Via Fava 12 | Tel. 03 22 90 55 05 | www.villapinin.com | €€)* ein stilvolles B & B finden. Dass die meisten Einheimischen nicht vom Gastgewerbe, sondern von der Metallverarbeitung leben, werden Sie in *Omegna* feststellen. Am Nordende des Sees sind Firmen wie Bialetti, Lagostina oder Alessi zu Hause. Zum Shoppen lädt das *Alessi-Outlet (Crusinallo di Omegna | Via Privata Alessi 6 | www.alessi.it)* ein: Vom Wasserkocher über Salzstreuer bis hin zum Chromtoaster finden Sie hier durchgestylte Haushaltsgeräte. Einem ähnlichen Handwerk wird in *Quarna Sotto* gefrönt, wo Saxofone noch von Hand hergestellt werden. An den Besuch im dortigen *Museum für Blasinstrumente (Museo Etnografico e dello Strumento Musicale a Fiato | Di–Fr 14–19, Sa/So 10–12 und 15–19 Uhr | www.museoquarna.it)* werden Sie sich nicht nur dann gern erinnern, wenn Sie die Gelegenheit haben, den Klängen des Orta Jazz Festivals zu lauschen, das im Juli auf der Piazza Motta stattfindet.

VERBANIA

(139 E2) *(D5–6)* **Straßencafés, enge Gassen und Verkehrschaos: Das betriebsame Städtchen Verbania (31 000 Ew.), entstanden aus den Gemeinden Intra und Pallanza, ist der Hauptort der Provinz Verbano-Cusio-Ossola.**

In Intra werden Geschäfte gemacht, in Pallanza wird stilvoll gelebt. Großer Trubel herrscht im Sommer bei den Veranstaltungen von *La Notte Bianca* mit Musikgruppen und Kleinkunst auf Straßen und Plätzen. Von Intra verkehren Autofähren nach Laveno am Ostufer. Jeden Samstag ist ebenfalls in Intra bis in den späten Nachmittag Markt.

SEHENSWERTES

CASA DELLA RESISTENZA (HAUS DES WIDERSTANDS)

Als die deutschen Besatzer während des Zweiten Weltkriegs in Italien die Macht

übernahmen, kämpften Partisanen im Hinterland von Verbania gegen sie und riefen 1944 sogar die Repubblica dell'Ossola aus; zuvor hatten die Nazis 43 Partisanen erschossen und zahlreiche weitere Menschen ermordet. Der Ort der Hinrichtungsstätte ist heute ein eindrucksvolles Mahnmal. Zum *Parco della Memoria e della Pace* gehört die Casa della Resistenza, die in einer ständigen Ausstellung den Naziterror dokumentiert. *Di–Fr 9–12 und 15–18, Sa/So 15–18 Uhr | Via Turati 9 | Fondotoce | www.casadellaresistenza.it*

GÄRTEN DER VILLA TARANTO ★

Der 16 ha große Park gehört zu den schönsten botanischen Gärten der Welt. Zu verdanken ist er einem schottischen Hauptmann, der das Gelände 1931 erworben und die typisch italienischen Terrassen mit dem englischen Gartenbau zu perfekter Harmonie vereint hatte. Heute ist die Anlage direkt am See mit dem eigens geschaffenen kleinen Tal, den Wasserkaskaden und den rund 20 000 exotischen Pflanzen aus allen Erdteilen im Besitz des italienischen Staats. Im April blühen bei der *Festa del Tulipano* 80 000 Tulpen. *Mitte März–Okt. tgl. 8.30–18.30 Uhr | Via Vittorio Veneto 111 | Pallanza | www.villataranto.it*

MADONNA DI CAMPAGNA

Im Stadtteil Suna liegt diese zum Nationaldenkmal erklärte Renaissancekirche. Sie wurde Anfang des 16. Jhs. aus den Resten eines romanischen Gotteshauses errichtet, von dem noch der Kampanile mit Schwibbogen zu sehen ist. Im Innern verdienen vor allem die Fresken aus dem 16. Jh. sowie das Taufbecken und das hölzerne Chorgestühl Ihre Beachtung. *Viale Azari 113*

ESSEN & TRINKEN

LA LATTERIA

Milchbottiche und Melkschemel stehen in der „Meierei". In dem sympathischen Restaurant an einem stillen Plätzchen im

Ein Gesamtkunstwerk aus vom Menschen gestalteter Natur: Gärten der Villa Taranto

alten Ortskern wechselt die Speisekarte jeden Monat. Wer Glück hat, kann Risotto mit frischem Barschfilet oder schwarze Nudeln mit Tomaten wählen. *Mo-Mittag und Di-Mittag geschl. | Piazza San Rocco 6 | Intra | Tel. 0 32 35 34 47 | www.ristorantelalatteria.it* | €€

RISTORANTE VIA ROMA

Was bleibt einem besser in Erinnerung: das hervorragende Preis-Leistungs-Verhältnis oder dass man in dieser kleinen Osteria mitten in Intra fast nur Einheimische trifft? *So geschl. | Via Roma 19 | Tel. 03 23 40 27 59 | www.ristoranteviaroma.it* | €

INSIDER TIPP RISTORANTE LE VOLTE

Der Name dieses romantischen Restaurants, das an eine kleine Kirche grenzt, bezieht sich auf das charakteristische Deckengewölbe des Gastraums. Dort werden lokaltypische Gerichte serviert, besonders empfehlenswert: Risotto – z. B. mit Steinpilzen oder mit Meeresfrüchten. *Di-Abend und Mi geschl. | Via San Vittore 149 | Intra | Tel. 03 23 40 40 51* | €–€€

EINKAUFEN

LA CASERA

Seit 50 Jahren ist der Familienbetrieb für Schinken, Wurstwaren und erlesene Käse bekannt. Eros hat für jede Kundin ein Kompliment auf Lager. *Piazza Ranzoni 19 | Intra | www.formaggidieros.it*

PARCO COMMERCIALE DEI LAGHI

In dem Einkaufszentrum an der Autobahnausfahrt Gravellona Toce gibt es u. a. Produkte von einheimischen Weltmarken wie Bialetti (Espressokocher und Kaffeemaschinen) und Lagostina (Küchengeräte, Pfannen). *Mo 15.30–19.30, Di–So 9.30–19.30 Uhr | Via Stampa 62 | www.parcocommercialedeilaghi.it*

SERGIO TACCHINI

In Gravellona Toce verkauft der Sportartikelhersteller seine Ware im Fabrikverkauf mit 30 bis 50 Prozent Rabatt. *Corso Marconi 40 | www.sergiotacchini.com*

ÜBERNACHTEN

IL CHIOSTRO

Ein modernes Haus in Intra, teilweise wunderhübsch in ein Klostergebäude aus dem Barock eingepasst. *104 Zi. | Via Fratelli Cervi 14 | Tel. 03 23 40 40 77 | www.chiostrovb.it* | €€

CAMPING VILLAGE ISOLINO

Größter Campingplatz der Gegend, im Stadtteil Fondotoce. Mit Sandstrand, Kinderprogramm, Spielplatz und Windsurfschule. *Via per Feriolo 25 | Tel. 03 23 49 60 80 | www.campingisolino.com*

AGRITURISMO IL MONTEROSSO

Zwischen Kastanienbäumen, Buchen und Viehweiden liegt auf einem Hügel dieser alte, liebevoll renovierte Bauernhof. In einem Turm sind die Gästezimmer untergebracht, in einem Nebengebäude Apartments mit eigener Terrasse. Familie Minotti besitzt Pferde und organisiert Ausritte in die Umgebung. Gäste können auch Mountainbikes ausleihen. *11 Zi. | Via al Monterosso | Pallanza | Tel. 03 23 55 65 10 | www.ilmonterosso.it* | €

AUSKUNFT

Corso Zanitello 6/8 | Pallanza | Tel. 03 23 50 32 49 | www.verbania-turismo.it

ZIELE IN DER UMGEBUNG

CANNERO RIVIERA (140 A1) (*E4*)

Der Ort (1100 Ew.) 15 km nördlich hat ein besonders mildes Klima und bekam deshalb den Beinamen Riviera. In der Ge-

Sagen Sie der Zivilisation bye-bye: unterwegs in der wilden Natur des Nationalparks Val Grande

meinde blühen ab Februar die Kamelien, im Sommer reifen Zitrusfrüchte. Ein Spaziergang führt an der von alten Magnolienbäumen gesäumten Uferpromenade zum windgeschützten Strand. Auf der sonnigen Terrasse der Cafébar *Tre Re (Di geschl.)* direkt am See kann man viel Zeit verbummeln. Pizza aus dem Holzofen am Abend und mittags ein günstiges Menü bekommen Sie im *Sano Banano (Mo geschl. | Via Marconi 30 | Tel. 03 23 78 81 84 | €–€€)*. Hoch über Cannero in *Viggiona* serviert das *L'Usignolo (tgl. | Via Provinciale 2 | Tel. 03 23 78 83 56 | www.usignolo.biz | €)* anständige, sehr preiswerte Küche – bei gutem Wetter auf der großartigen Panoramaterrasse.

GHIFFA (139 F2) *(E5)*

Jugendstilvillen hinter dicken Mauern prägen das Bild der Gemeinde (2400 Ew.) an der Uferstraße 5 km nördlich. Bis weit ins 20. Jh. waren Ghiffas Hutmacher weltweit berühmt. Ausgefallenen Kopfputz aus dieser Epoche können Sie im Hutmuseum *Museo dell'Arte del Cappello (April–Okt. Sa/So, Juli/Aug. auch Di und Do 15.30–18.30 Uhr | Corso Belvedere 279 | www.museodellartedelcappello.it)* bewundern. Die barocke Wallfahrtskirche *Santuario della Trinità* auf dem Monte Sacro ist von einem ausgedehnten Naturschutzpark mit Wanderwegen umgeben.

INSIDER TIPP **PARCO NAZIONALE DELLA VAL GRANDE**

(132–133 C–E6, 139 D–E1) *(B–D4)*

Schroffe, felsige Berge schotten die Val Grande im Hinterland von Verbania von lärmender Zivilisation ab. In dem 120 km² großen Naturpark treffen Wanderer auf Reste alpiner Alm- und Waldwirtschaft. Nur mit Bergführern sollten Sie ins Innere des Tals vordringen, da viele Wege verwildert sind. Der Wasser-Naturlehrpfad *Una Storia d'Acqua,* der von Cicogna nach Pogallo führt, ist dagegen auch für ungeübte Wanderer geeignet. Auskunft: *Villa Biraghi | Piazza Pretorio 6 | Vogogna | Tel. 0 32 48 75 40 | www.parcovalgrande.it*

LUGANER SEE

„Vor dem Balkon fällt ein alter, südlicher Baumgarten steil den Berg hinunter: Palmen mit dicken Fächerkronen, Kamelien, Rhododendren, Mimosen, Judasbaum, dazwischen einige hohe Eiben, von Glyzinien ganz überklettert, und schmale, schwebende Rosenterrassen." Das notierte der deutsche Schriftsteller Hermann Hesse 1926 auf dem Balkon seines zauberhaften Hauses in Montagnola bei Lugano, wo er über 40 Jahre lang lebte. Mittlerweile ist vieles anders: Heute blickt man von Hesses Lieblingsplatz auf Autobahnen und Einkaufszentren. Die überschäumende Natur ist auch am Luganer See, in Italien Ceresio genannt, vielerorts gezähmt, in Parzellen gezwängt, von Straßen und Häusern zerschnitten. Aber die Landschaft um den kleinsten der drei großen Seen hat den Zauber, der seinerzeit den Dichter einnahm, noch nicht ganz verloren.

Da hat sich zwar die reiche, stolze Stadt Lugano, wo die Rationalität des Finanzplatzes an jeder Ecke hervorlugt, in ihrer wunderbaren Bucht ohne ästhetische Rücksichtnahme breiter und breiter gemacht. Da donnern jährlich über 1 Mio. Lastwagen und fast 9 Mio. Personenwagen auf der Gotthardautobahn am Seeufer entlang und hinterlassen Lärm und Abgase. Doch der vielfingrig gewundene Lago di Lugano hat nicht aufgehört, seine märchenhafte Magie auszustrahlen: Wer von einem der phantastischen Aussichtspunkte der Region auf die grüne, vielerorts von kleinen Dörfern durchsetzte, fjordähnliche Traumlandschaft blickt,

Kleiner See mit großen Überraschungen – Lugano ist das unbestrittene Zentrum des Sees, aber nicht die einzige Schönheit

mag die weniger schönen Seiten dieser Welt für eine Weile vergessen.

Mit Ausnahme zweier Uferstreifen (zwischen Gandria und Porlezza im Osten und zwischen Porto Ceresio und Ponte Tresa im Westen des Sees) sowie der italienischen Enklave Campione d'Italia liegt der Luganer See in der Schweiz. Heute verfügt die Region über eine perfekte touristische Infrastruktur – vom Flughafen über Hotels und Campingplätze, Wellness- und Badezentren bis zu Spitzenrestaurants und urtümlichen Grotti.

LUGANO

KARTE IM HINTEREN UMSCHLAG

(141 D1) (*G5*) **„Addio bella Lugano" lautet der Titel eines bekannten Lieds, das die Emigranten einst sangen. Noch heute ist Lugano am schönsten, wenn man der Stadt den Rücken zukehrt und über den See nach Süden schaut.**

Weich spiegelt die Wasseroberfläche die bewaldeten Berghänge, leuchtend in

Luganos neuester architektonischer Hingucker: das LAC am Seeufer

kristallenem Licht. „Die Landschaft – der Golf mit dem Monte Brè und dem San Salvatore – hat eine Kraft, die auch die Spekulation nicht hat zerstören können", sagt Mario Botta, der berühmte Architekt. Zwar wuchern die Villen bis weit den Brè hinauf. Doch dem Berg haben sie letztlich nichts anhaben können.

So kann man die Herkunft des Namens der Stadt Lugano noch immer gut nachvollziehen: Vom lateinischen *lucus,* geweihter Wald, soll er herrühren. Einst ein einfaches Bauern- und Fischerdorf, später ein Handels- und Marktstädtchen mit regionaler Bedeutung, erlebte Lugano als Zufluchtsort vieler italienischer Politiker und Intellektueller im 19. Jh. eine erste kulturelle Blütezeit.

Der ab 1850 einsetzende Fremdenverkehr, vor allem aber der Anschluss an die Gotthardbahn, die 1882 ihren Betrieb aufnahm, besiegelten den Aufstieg der südlichsten Stadt der Schweiz zur wirtschaftlichen Metropole des Kantons. Ihren Reichtum verdankt die 68 000-Ew.-Stadt nicht zuletzt ihrem Status als nach Zürich und Genf drittgrößtem Finanzplatz der Schweiz. Die vielen Banken und Treuhandfirmen prägen denn auch das Bild der hübschen Altstadt mit ihren malerischen Gassen, Winkeln und Arkaden. Aber auch Kultur, Unterhaltung und Bildung kommen mit Museen, Radio- und TV-Stationen und der seit 1996 bestehenden Universität zur Geltung.

Heute zeichnet sich Lugano durch eine Mischung aus schönen Plätzen und Parks, sehenswerter alter Bausubstanz, aus Bausünden, moderner Architektur und scheinbar planloser Stadtentwicklung aus. Doch obwohl in den letzten Jahrzehnten das eine oder andere Viertel ohne große Hemmungen abgerissen wurde, können Sie nach wie vor charakteristische, noch nicht auf Hochglanz polierte Winkel entdecken. Verkehrstechnisch verfügt die Stadt über viel Verbesserungspotenzial; dafür ist ein guter Teil

WOHIN ZUERST?
Ob Sie mit dem Auto oder per Bahn anreisen: Der **Bahnhof** ist der beste Ausgangspunkt. Dort können Sie sich zuerst von oben eine Übersicht verschaffen und dann durch die autofreien Gassen via Kathedrale in die Altstadt an den See hinunterschlendern. Oder Sie nehmen die Standseilbahn *(funicolare)* hinunter zur zentralen Piazza Cioccaro.

der Altstadt – aus touristischer Sicht besonders erfreulich – weitgehend autofrei.

SEHENSWERTES

CENTRO CULTURALE LAC

Das 2015 eröffnete Kunst- und Kulturzentrum am südlichen Ende der Via Nassa ist Luganos neues Wahrzeichen. Hier sind nicht nur die Prunkstücke der städtischen Kunstsammlung ausgestellt. Im 1000 Zuschauer fassenden Auditorium werden auch Theatervorstellungen, Ballette und Konzerte aufgeführt. Überdies finden regelmäßig Ausstellungen renommierter Künstler statt. Mit dem LAC – das Kürzel steht für Lugano Arte e Cultura – will sich Lugano international als Kulturstadt profilieren. *www.luganolac.ch*

MONTE BRÈ

Der 933 m hohe Berg schließt die Bucht von Lugano nach Osten hin ab. Als markanter Kegel erhebt er sich über dem See. Eine seit 1912 existierende *Standseilbahn (tgl. 9.15–22.45 Uhr| www.montebre.ch)* bringt Sie ab Lugano-Cassarate auf den Gipfel. Oben wartet ein Restaurant mit schöner Aussichtsterrasse. Ein Spaziergang führt in 15 Minuten ins hübsche Dorf *Brè,* in dessen Gassen ein Künstlerweg angelegt wurde. Ein kleines *Museum (April–Okt. Fr und So 14–17 Uhr | Contrada Prò 22)* erinnert an den Maler Wilhelm Schmid, einen Vertreter der Bewegung Neue Objektivität im Deutschland der 1920er-Jahre.

MONTE SAN SALVATORE

Der Legende nach legte Jesus auf seinem Weg in den Himmel einen Zwischenstopp auf dem 912 m hohen Gipfel ein. So erklären sich die Einheimischen zumindest die Herkunft des Namens San Salvatore – hl. Erlöser. Eine *Standseilbahn (Mitte März–Okt. tgl. 9–17, Mitte Juni–Aug. bis 23 Uhr | www.montesansalvatore.ch)* befördert die Gäste in zwölf Minuten auf Luganos zweiten Hausberg, von dem Sie eine spektakuläre Rundsicht genießen. Am besten offenbart sich Ihnen die Aussicht vom Dach der Kirche. Neben der Kirche befinden sich auf dem Gipfel noch ein Restaurant mit einer Aussichtsterrasse sowie ein Museum, das Fossilien und Gestein der Region zeigt.

MARCO POLO HIGHLIGHTS

★ **Via Nassa in Lugano**
Lässig und elegant – hier zeigt sich das kleine Lugano großstädtisch selbstbewusst → S. 60

★ **Collina d'Oro**
Auf Hermann Hesses Spuren in der Wahlheimat des Nobelpreisträgers → S. 66

★ **Morcote**
Tessiner Sonnenstubenromantik, in der Realität schöner als auf jeder Postkarte → S. 67

★ **Monte Generoso**
Mit der Zahnradbahn zum Ausblick über Alpengipfel, Flusstäler und Seenbecken → S. 70

Eine Dauerausstellung gibt Auskunft über die Blitz- und Höhlenforschung am Berg, der insgesamt sieben Höhlen hat, darunter die sagenumwobene Schatzgrotte. Eine klassische Wanderung führt in knapp anderthalb Stunden vom San Salvatore durch den Kastanienwald hinunter ins Dorf Carona.

SANTA MARIA DEGLI ANGIOLI

Lassen Sie sich vom bescheidenen Äußeren nicht abschrecken: Die Kirche am südlichen Ende der Via Nassa beherbergt mit dem riesigen Kreuzigungsfresko ein kunsthistorisches Juwel. Erschaffen wurde es von Bernardino Luini (1480–1532), einem Schüler von Leonardo da Vinci. Das gewaltige, eindrucksvolle Renaissancewandbild gilt als das schönste und berühmteste der Schweiz. *Piazza Bernardino Luini*

Luganos mondäne Shoppingmeile Via Nassa: Schweizer Schick und Schweizer Preise

MUSEO CANTONALE D'ARTE

Die permanente Sammlung des Museums umfasst Gemälde, Skulpturen und Fotografien aus dem 19. und 20. Jh. Die Werke zeigen die Entwicklung der Kunst im Tessin auf. *Di 14–17, Mi–So 10–17 Uhr | Via Canova 10 | www.museo-cantonale-arte.ch*

SAN LORENZO

Die Geschichte von Luganos Hauptkirche auf dem Weg zwischen Bahnhof und Altstadt reicht bis 818 zurück. Doch erst 1884 wurde sie zur Kathedrale erhoben. Wer sich nicht für Kirchengeschichte interessiert, genießt einfach die herrliche Aussicht. *Via Borghetto 1*

VIA NASSA ★

Einst war die rund 500 m lange Straße der Ort, wo die Fischer sich trafen und ihre Ware verkauften – daher auch der Name *nassa,* auf Deutsch „Reuse". Mit diesem alten Netzsystem wurden nämlich die Fische gefangen. Der Handel in der verkehrsfreien Via Nassa mit ihren schönen Arkaden ist so alt wie die Straße selbst. Heute wird in den exklusiven Uhren- und Schmuckgeschäften sowie Modeboutiquen alles feilgeboten, was das

Herz begeht – falls es das Portemonnaie zu bezahlen vermag. Überdies gibt es noch eine Reihe von Geschäften, in denen auch Otto Normalverbraucher Einkäufe tätigen kann. So lockt etwa die Buchhandlung *Fuchs & Reposo* in Hausnummer 21 seit Jahren internationale Kundschaft an. Auf einen Schwatz mit Besitzer Ernst Fuchs kam jahrzehntelang auch Literaturnobelpreisträger Hermann Hesse vorbei.

VILLA CIANI

Der neoklassizistische Prachtbau im Stadtpark war im 19. Jh. Treffpunkt italienischer Widerstandskämpfer gegen das österreichische Regime. Seit 1912 ist die Villa im Besitz der Stadt. Häufig gibt es Wechselausstellungen mit geschichtlichem Hintergrund. Der umliegende Park am Seeufer lädt zum Dolcefarniente ein. Architekturfans sollten unbedingt einen Blick auf die 1942 von Rino Tami erbaute Kantonsbibliothek am Ostrand des Parks werfen.

ESSEN & TRINKEN

ANTICA OSTERIA DEL PORTO

Auf dem Delta des Flüsschens Cassarate zwischen Stadtpark und Freibad gelegen, ist diese Restaurant-Bar-Kombi dank der großzügigen Terrasse ein beliebter Treffpunkt am See. *Tgl. | Via Foce 9 | Tel. 0919714200 | anticaosteriadelporto.ch |* €€

BOTTEGONE DEL VINO

Schlichtes Interieur, lange Tafeln, eine kleine Auswahl täglich wechselnder Gerichte und viel Wein – was will man mehr? Das fragen sich auch viele Einheimische, weshalb das kleine Lokal fast immer voll ist. *So geschl. | Via Massimiliano Magatti 3 | Tel. 0919227689 |* €€

CANVETTO LUGANESE

Man speist in einem schönen Hof. Alle Zutaten sind frisch und kommen von einem Bauernhof, der einer Stiftung gehört. Die Karte wechselt mit den Jahreszeiten. *So/Mo geschl. | Via Simen 14 b | Tel. 0919101890 | www.canvettolugane se.ch |* €

GRAND CAFÉ AL PORTO

Mitten in der Altstadt ein Lokal, das Erinnerungen an alte Zeiten weckt – an die Salons, in denen sich ehedem die Prominenz die Klinke in die Hand gab. Erstklassiges Gebäck aus dem Ofen der auch in Locarno und Ascona ansässigen Feinbä-

PER „U-BAHN" VON SEE ZU SEE

Der im Sommer 2016 eröffnete Gotthard-Basistunnel, mit stattlichen 57 km der längste Eisenbahntunnel der Welt, hat die Reisezeit an die Oberitalienischen Seen um 30 Minuten verkürzt. Doch damit ist die „Untergrabung" der Alpen noch nicht komplett: Ende 2020 soll auch der gut 15 km lange Monte-Ceneri-Basistunnel in Betrieb genommen werden. Durch diese U-Bahn wird sich die Reisezeit zwischen Locarno und Lugano von 55 auf 22 Minuten reduzieren. Im Hinblick auf diese verkehrstechnische Revolution wird daher der im 19. Jh. entstandene Bahnhof von Lugano mitsamt der Standseilbahn, die ins Stadtzentrum hinunterführt, komplett erneuert und ausgebaut.

ckerei Al Porto. *Mo–Sa 8–18.30 Uhr | Via Pessina 3 | www.grand-cafe-lugano.ch*

GROTTO MORCHINO

Kurz vor Pazzallo, oberhalb von Lugano-Paradiso, liegt im Wald versteckt dieses gemütliche Gasthaus. Mit vielen Nudelgerichten ist die Küche sehr italienisch. Eine Spezialität ist auch Fohlenschnitzel. *Sa-Mittag und Mo geschl. | Via Carola 1 | Pazzallo | Tel. 0919946044 | www.morchino.ch* | €–€€

LOW BUDG€T

Ein Aufenthalt in einem Anwesen mit großem Park mit Schwimmbad kann selbst am Luganer See billig sein: in der Jugendherberge *Casa della Gioventù (Via Cantonale 13 | Tel. 0919662728 | www.dieoase.ch | Mehrbettzimmer ab 40 Franken/Person, Familienzimmer ab 48 Franken)* in Lugano-Savosa 2 km nördlich vom Zentrum.

Im Selbstbedienungsrestaurant des Kaufhauses *Manor* in der Fußgängerzone von Lugano (Haupteingang Piazza Dante) gibt es eine große Auswahl an Menüs zu fairen Preisen. Es werden verschiedene Themenbuffets (Salat, Pasta, Grill, Vorspeisen, Früchte, Dessert, Pizza) angeboten. Auch wer weniger als 10 Franken ausgeben will, wird satt.

Lugano bietet ● kostenlose Stadtführungen an: Von Mitte April bis Mitte Oktober findet montags von 10 bis 12 Uhr die *Unexpected Classic Tour* durchs Zentrum statt, dienstags steht eine Führung durch die Parkanlagen auf dem Programm. Und mittwochs gelangt man mit der Bahn zum Schnäppchenpreis von 10 Franken auf den Monte San Salvatore (reguläres Ticket für Hin- und Rückfahrt: 30 Franken!). Reservierung ist erforderlich. *www.luganoturismo.ch*

LA TINÈRA

Wahre Tessiner Küche entdeckt, wer sich in dieser Seitengasse in der Nähe der Piazza Riforma durch einen unscheinbaren Eingang in den Keller begibt. Das einfache Lokal hat faire Preise, und die Polenta, Kaninchen, *luganighe* und der Risotto schmecken garantiert. *So geschl. | Via dei Gorini 2 | Tel. 0919235219* | €

EINKAUFEN

Die Innenstadt von Lugano mit ihren zahllosen Geschäften und Boutiquen eignet sich bestens für einen Shoppingbummel. Samstags findet auf der Piazzetta San Rocco ein stimmungsvoller *Floh- und Antiquitätenmarkt* statt. Wer sich mit lokalen Delikatessen eindecken will, schaut bei *Gabbani (Via Pessina 12 | www.gabbani.com)* vorbei: Hier gibt es Wein, Wurstwaren, Käse, Früchte und Gebäck. Das Uhren- und Schmuckgeschäft *Gold Time (Via Luvini 4 | www.goldtime.ch)* führt rund 20 klangvolle Marken, von Schoeffel über Piaget und Tissot bis zu Longines. Eine große Auswahl an Koffern und Lederwaren präsentiert seit 1905 die *Pelletteria Poggioli (Via Luvini 5 | www.poggiolipelletteria.ch)*, feine Schweizer Schokolade finden Sie bei *Laederach (Via Pessina 17 | www.laederach.com)*.

FREIZEIT, SPORT & STRAND

FOXTRAIL

Bei dieser Schnitzeljagd durch Lugano, heißt es clever kombinieren. Die Rätseltour führt in ca. 2½ Stunden kreuz und

Im Kasino selbst würfeln die Gäste, im Restaurant des Kasinos hat der Architekt gewürfelt

quer durch die Stadt. Wer der Spur der Füchse folgen will, bucht unter *www.foxtrail.ch* und holt sein Ticket am Bahnhof ab. Geeignet für Kinder ab acht Jahren.

LIDO LUGANO

Das Strandbad ist vom Zentrum Richtung Castagnola in wenigen Minuten zu Fuß erreichbar. In der Abenddämmerung verwandelt sich die Terrasse des Restaurants in eine stimmungsvolle *Bar (Do–Sa bis 1 Uhr | www.allidobar.com)*. An manchen Sommerabenden gibt es Kino unterm Sternenhimmel mit Filmklassikern. *Mai–Mitte Sept. tgl. 9–19 Uhr | Via Castagnola 6*

SKATEPARK LUGANO

Beim Fußballstadion Cornaredo treffen sich die Skater auf schnellen Bahnen, dekoriert von jungen Kunstsprayern aus der Schweiz und Italien. *Tgl. 8–22 Uhr | Via Trevano 100 | www.skateparklugano.ch*

VIA FERRATA

Der Klettersteig am Monte San Salvatore erlaubt es auch Nichtalpinisten, sich an schwierige Felswände zu wagen – Hilfsmittel wie Stahlseile, Stufen und Felshaken machen es möglich. Er gilt jedoch als anspruchsvoll! *Einstieg bei der Mittelstation der San-Salvatore-Bahn | www.montesansalvatore.ch*

AM ABEND

KASINO

Das Spielkasino lockt in schönster Lage auf vier Etagen mit dem wohl abwechslungsreichsten Angebot der Schweiz, inklusive 416 Slotmaschinen der neuesten Generation und Wildwestsaloon, an dessen sechs Tischen Texas-Poker gespielt wird. Wer nicht zocken will, kann vom Restaurant aus den phantastischen Blick auf den See und den Monte San Salvatore genießen. *So–Do 12–4, Fr/Sa 12–5 Uhr | Via Stauffacher 1 | www.casinolugano.ch*

LIVING ROOM

Einheimische Bands und DJs wechseln sich hier mit international renommierten

Künstlern und Mottopartys ab. *Do–Sa ab 22.30 Uhr | Via Trevano 89 a | www.livingroomclub.ch*

INSIDER TIPP **SEERUNDFAHRT BY NIGHT**

Die *crociera serale* verlässt Lugano um 20.30 Uhr und legt kurz nach 22 Uhr wieder an – dazwischen kann man dinieren, tanzen oder sich einfach den nächtlichen Seewind durch die Haare säuseln lassen. *Juli/Aug. Do–So bei schönem Wetter | Tel. 0919715223 | www.lakelugano.ch*

ÜBERNACHTEN

HOTEL FEDERALE

Kleines, von der Besitzerfamilie geführtes Hotel nahe beim Bahnhof und der Kathedrale. Idealer Ausgangspunkt, um die Region mit den öffentlichen Verkehrsmitteln zu erkunden. *48 Zi. | Via Paolo Ragazzoni 8 | Tel. 0919100808 | www.hotel-federale.ch | €€*

HOTEL LUGANO DANTE

Das Hotel im Herzen der Altstadt wurde für seine Gastfreundschaft ausgezeichnet – ein schöner Mix aus Hightech und Herzlichkeit. *87 Zi. | Piazza Cioccaro 5 | Tel. 0919105700 | www.hotel-luganodante.com | €€€*

MONTARINA

Ein preisgünstiges (in Lugano!), einfaches Haus mit hübschem Palmengarten nur einen Katzensprung vom Bahnhof. *44 Zi. | Via Montarina 1 | Tel. 0919667272 | www.montarina.ch | €*

WALTER AU LAC

Welch eine Lage: Alle 38 Zimmer mit Seeblick, ebenso der Frühstücksraum – und die Altstadt liegt gleich um die Ecke. *Piazza Rezzonico 7 | Tel. 0919227425 | www.walteraulac.ch | €€€*

AUSKUNFT

Palazzo Civico | Riva Albertolli | Tel. 0588666600 | www.luganoturismo.ch

ZIELE IN DER UMGEBUNG

CAMPIONE D'ITALIA

(141 D–E1) *(🕮 H5)*

Roulette, Baccara, Poker, Black Jack und 620 Slotmaschinen: Das *Spielkasino* im Neubau von Mario Botta ist die Lebens-

VIELE SEEN, ZWEI STAATEN

Kulturell und sprachlich merkt man kaum einen Unterschied, wenn man von Como nach Chiasso oder von Cannobio nach Ascona fährt: Die Kirchen sehen genauso aus und der Dialekt ist (fast) der gleiche. Und doch verlässt man einen Staat und ein Währungsgebiet, kommt von Italien in die Schweiz und vom Euroland ins Frankenland. Im Kanton Tessin liegen die nördlichen Teile des Lago Maggiore und des Luganer Sees. Auf italienischer Seite gehören der Ortasee sowie das Westufer des Lago Maggiore zur Region Piemont. Das Ostufer des Lago Maggiore, der östliche Arm des Luganer Sees und die anderen Seen (Lago di Varese, Comer See sowie die kleinen Lago di Comabbio und Lago di Monate) sind Teil der Region Lombardei. Dem größten See Oberitaliens, dem viel weiter östlich gelegenen Gardasee, hat MARCO POLO einen eigenen Band gewidmet.

ader der kleinen italienischen Enklave (2500 Ew.) 7 km von Lugano. Umso schwerer war der Schock, als die Spielbank 2018 Konkurs anmeldete. Da praktisch die gesamte Enklave zumindest indirekt am Tropf des Kasinos hängt, darf stark vermutet werden, dass die Kugel früher oder später wieder rollen wird.

Sehenswerte mittelalterliche Fresken: Madonna dei Ghirli in der italienischen Enklave Campione

Der Schweizer Franken ist die offizielle Währung, Autos haben das Tessiner Kennzeichen, die Vorwahl ist 0041 wie für die Schweiz und die Italiener, die hier leben, verdienen viel mehr und zahlen umso weniger Steuern als ihre Landsleute. Die Enklave am See ist per Schiff oder in 20 Autominuten ohne Grenzformalitäten zu erreichen. Für Kulturbeflissene glänzt in Campione die Kirche *Madonna dei Ghirli* mit mittelalterlichen Fresken.

CARONA (141 D2) *(G5)*

Hoch über dem See mit großartigem Blick auf das Massiv des Monte Generoso liegt das Dorf auf einem Plateau der Ceresio-Halbinsel. Der schon 926 erwähnte Ort besaß im Mittelalter als eigenständige Republik gewisse Privilegien und ist berühmt für seine Künstlerfamilien, nämlich die Casella, Scala, Petrini, Aprile und Solari. Letztere kamen als Baumeister in Mailand, Venedig und Moskau zu Ruhm und Ansehen. Viele der aristokratisch wirkenden Wohnhäuser zeugen vom Wohlstand, den sich Künstler und Architekten an ausländischen Fürstenhöfen erwarben. Stilvoll übernachten können Sie im *Hotel Villa Carona (18 Zi. | Piazza Noseed | Tel. 0916497055 | www.villacarona.ch | €€)*, das in einem alten Patrizierhaus mit ruhigem Garten untergebracht ist.

Von Carona nach Süden wandernd, stößt man nach rund einer Viertelstunde auf die Kirche INSIDER TIPP *Santa Maria d'Ongero* auf einer Lichtung im schattigen Buchenwald. Hermann Hesse war begeistert von der Aussicht, die sich ihm dort bot: „Es gibt viel Schönes auf der Erde, Schöneres als dies gibt es nicht."

COLLINA D'ORO ★
(141 D1) *(G5)*
Hermann Hesse könnte sich hinsetzen und schreiben: Brille, Tisch und Schreibmaschine stehen bereit im kleinen, liebevoll gestalteten Museum in der Casa Camuzzi im Dorf Montagnola 5 km südwestlich von Lugano, wo Hesse gut vier Jahrzehnte lang lebte. Hier schuf der 1962 verstorbene Nobelpreisträger seine bedeutendsten Werke. Im *Hesse-Museum (März–Okt. tgl., Nov.–Feb. Sa/So 10.30–17.30 Uhr | www.hessemontagnola.ch)* finden regelmäßig Wechselausstellungen und Lesungen statt. Das originelle Gebäude wurde 1855 von Agostino Camuzzi entworfen, der u. a. für Zar Nikolaus I. an der Eremitage in Sankt Petersburg mitwirkte. Es ist in den Hermann-Hesse-Weg eingebunden, auf dem Sie die sogenannte Collina d'Oro, den aussichtsreichen „Goldhügel", erkunden können. Endpunkt des Spaziergangs ist die aus dem 14. Jh. stammende Kirche *Sant'Abbondio* in Gentilino mit einer herrlichen Zypressenallee. Auf dem Friedhof liegt nicht nur Hesse begraben, sondern auch der Dadaist Hugo Ball (1886–1927) und dessen Gefährtin Emmy Ball-Hennings (1885–1948).
Wer sich nach dem Rundgang verköstigen will: In der Gegend gibt es einige besonders stimmungsvolle Grotti, etwa das *Cavicc (Juni–Aug. tgl., sonst Di geschl. | Tel. 0919947995 | www.grottocavicc.ch | €€)*, wo schon Hesse gern einkehrte. Eine Alternative mit vielen Einheimischen findet sich in Montagnola: *Grotto Circolo Sociale (Mi geschl. | Via Canvetti | Tel. 0919946919 | www.grottocircolosociale.ch | €)*.

GANDRIA (141 E1) *(H5)*
Das ehemalige Fischerdörfchen Gandria, ein Ortsteil von Lugano am Fuß des Monte Brè unmittelbar am See, ist eine *meraviglia* – ein Wunderwerk. Die famose

Am schönsten ist die Anfahrt per Schiff ins ehemalige Fischerdörfchen Gandria

Terrassenlage sowie die hübsche Dorfarchitektur an der Sonnenseite des Sees machen Gandria zum milden Wintergarten für Romantiker. Sie erreichen den Ort über eine zweistündige, einfache und blumengesäumte Uferwanderung ab Lugano, aber auch per Bus oder per Schiff. Interessant ist ein Spaziergang auf dem INSIDER TIPP *Oliven-Lehrpfad* mit seinen Merktafeln über die Geschichte, Kultivierung und Botanik dieses Baums, der früher an den Seeufern verbreitet war.

Am gegenüberliegenden Seeufer liegt das nur per Schiff zu erreichende *Cantine di Gandria.* In den namengebenden Kellern lagerten die Dorfbewohner früher ihre Vorräte. In einer alten Grenzstation ist das *Schweizer Zollmuseum* (s. Kapitel „Mit Kindern unterwegs") untergebracht.

MALCANTONE **(134–135 C–D6, 140 C1)** ***(🕮 F–G 4–5)***

Gut, dass die Kirchtürme der pittoresken Dörfer des Malcantone jeweils die volle Stunde ankündigen: Denn beim Besuch der stillgelegten *Goldmine von Sessa* oder der restaurierten *Hammerschmiede von Aranno* haben Sie sonst das Gefühl, in dem dicht bewaldeten Gebiet zwischen Luganer See und Lago Maggiore stehe die Zeit still. Apropos Wald: Der 15 km lange INSIDER TIPP *Sentiero del Castagno,* der Kastanienweg, ist einer der schönsten Wanderwege der Schweiz. Start- und Endpunkt befinden sich in Arosio, dem höchstgelegenen Dorf. Wanderer machen dort gern im *Grotto Sgambada (Mo geschl. | Tel. 0916 00 32 42 | www.grottosgambada.ch | €)* halt. Wildschweingulasch oder Pannacotta mit Kastanien sind zwei gute Gründe für eine Einkehr.

MORCOTE ★ **(141 D2)** ***(🕮 G5–6)***

Es klingt makaber, den INSIDER TIPP *Friedhof* als Highlight eines Orts zu empfehlen. Doch auf das 12 km südlich von Lugano an der Spitze der Halbinsel Ceresio gelegene Dorf trifft es zu. Mit seinen prächtigen Patrizierhäusern und den Arkaden am Seeufer ist es für viele ohnehin eines der schönsten Dörfer der Schweiz. Wer die 700-stufige Treppe zur Totenstadt hochgeht, hält immer wieder inne und zückt das Smartphone, um den Blick auf den See, die bewaldeten Hügel und die Kirche Santa Maria del Sasso mit der Kamera festzuhalten. Oben angelangt, werden Sie feststellen, dass der Tod längst nicht alle gleichmacht. Monumentale Grabmäler zeugen vom ewigen Ruhm, den einige Familien von Morcote genießen. Etwa die Fossati: Sie bauten nicht nur die Himmelsleiter hoch zur Kirche. Architekt Gaspare Fossati rettete im 19. Jh. auch die Hagia Sophia in Istanbul vor dem Zerfall.

Ähnlich eindrucksvoll ist der *Parco Scherrer (Mitte März–Okt. tgl. 10–17, Juli/Aug. bis 18 Uhr),* der wahr gewordene Traum des Textilunternehmers Arthur Scherrer (1881–1956). Alles, was ihm auf der Welt gefiel, ließ er in seinem subtropischen Park nachbilden. So finden sich ein von Göttern bewachter Tempel, ein siamesisches Teehaus oder ein Sonnentempel nach spanischem Vorbild.

Exotische Pflanzen, exzentrische Skulpturen: Pavillon im Parco Scherrer in Morcote

Stilvoll übernachten können Sie im *Albergo della Posta (5 Zi. | Tel. 0919961127 | www.hotelmorcote.com | €€)* auf der Piazza Grande direkt am See. Doch bevor Sie sich zur Ruhe legen, sollten Sie unbedingt einen Abendspaziergang machen: unter den Arkaden durch die Gassen schlendern, die Treppe hoch zur Kirche – und bei Mondschein nochmals die Ruhe und Aussicht genießen.

PONTE CAPRIASCA (135 D6) *(🗺 G4)*

Das Dorf knapp 10 km nördlich im Hügelland wartet mit einer kunsthistorischen Sensation auf: In der Kirche *Sant'Ambrogio* können Sie die ● weltweit wohl beste Kopie von Leonardo da Vincis berühmtem Fresko „Abendmahl" besichtigen. Eine Theorie besagt, dass Leonardo seine Skizzen einem seiner Schüler zur Verfügung stellte, da er befürchtete, dass seinem Meisterwerk in Mailand keine lange Lebenszeit beschieden sein würde.

PONTE TRESA (140 C1–2) *(🗺 G5)*

Das Grenzdörfchen 12 km südwestlich von Lugano mag unscheinbar sein – einen Besuch wert ist es trotzdem. Denn Ponte Tresa gibt es gleich in doppelter Ausführung: einen Ortsteil auf schweizerischer Seite und einen auf der italienischen. Die Grenze bildet der Fluss Tresa, der den Luganer See Richtung Lago Maggiore entwässert, die Verbindung zwischen den beiden Dörfern die Brücke – der *ponte* eben – über die Tresa. Im italienischen Teil gibt es jeden *Samstag (8.30–17 Uhr)* einen farbigen *Markt.*

INSIDER TIPP PORLEZZA UND VALSOLDA (135 E–F6) (*🕮 H–J4*)
Nach der holprigen und kurvenreichen Fahrt über die Landesgrenze erreichen Sie nach 15 km Porlezza (4100 Ew.) am nordöstlichen Seeende. Empfehlenswert für diesen Ausflug ist die im Sommerhalbjahr täglich angebotene Kreuzfahrt ab Lugano *(April–Okt. Abfahrt 14.15, Rückkehr 17.40 Uhr | www.lakelugano.ch)*, die einen einstündigen „Schnäppchenhalt" im italienischen Porlezza beinhaltet. Wer ein bisschen Zeit hat, kann an diesem abgelegenen Arm des Luganer Sees durchaus Entdeckungen machen. Westlich von Porlezza an der Straße nach Gandria/Lugano findet man bei *Cressogno*, einem Ortsteil von Valsolda, die *Caravina (tgl. 7.30–19 Uhr | www.caravina.org)*, eine kleine Wallfahrtskirche. Sie wurde im Inneren um 1660 komplett von lokalen Malern ausgemalt, die Fassade stammt aus dem Klassizismus – ein versteckt gelegenes Kleinod barocker Kirchenkunst. Einfache Speisen serviert gleich nebenan das *Ristorante del Pellegrino (Mo geschl. | Tel. 0 34 46 90 22 | €)*.
Hinter Cressogno liegt *San Mamete* mit seinem mittelalterlichen Ortskern. Hier lohnt der 60-minütige, steile Fußweg nach *Castello*, einem befestigten Weiler, der wie ein Krähennest rund 450 m über dem See schwebt und großartige Ausblicke auf diesen bietet.

MENDRISIOTTO

(141 D–E 2–4) (*🕮 G–H 5–7*) **Es ist selten eine Liebe auf den ersten Blick: Industriebauten, Lagerhallen, Geschäfte, Wohnblöcke und Straßen prägen das Bild des Südzipfels der Schweiz, der wie ein Keil in die Lombardei hineinragt.**

Doch beim genaueren Hinschauen hat die Gegend durchaus ihren Reiz. Nicht von ungefähr wird die heitere, lichterfüllte Landschaft, zu der auch der südliche Teil des Luganer Sees gehört, oft mit der Toskana verglichen. Im Osten wird sie durch das bizarre Massiv des Monte Generoso begrenzt, im Westen durch den Monte San Giorgio, den die Unesco aufgrund seiner paläontologischen Funde unter Schutz gestellt hat. Die sanft zur Poebene abfallenden Ausläufer dieser beiden Wander- und Bikerparadiese bieten einen idealen Nährboden für den Weinbau. Vierzig Prozent der Tessiner Merlottrauben werden hier zu Wein verarbeitet.

SEHENSWERTES

MENDRISIO (141 D–E3) (*🕮 H6*)
Auf den ersten Blick ist vielen nicht ersichtlich, weshalb die Einheimischen Mendrisio (15 000 Ew.) stolz als *Magnifico Borgo* („prachtvoller Ort") bezeichnen. Doch bei einem Bummel durch das Universitätsstädtchen stößt man immer wieder auf architektonische Entdeckungen. Was eigentlich nicht erstaunt, denn Mendrisio ist die Heimat von Mario Botta, einem der berühmtesten zeitgenössischen Architekten. Er gründete nicht nur die 1996 eröffnete Universität *(www.arc.usi.ch)* am Largo Bernasconi, sondern prägte Mendrisio auch mit zahlreichen Bauten, etwa dem von Geschäften umrahmten, etwas kühl wirkenden Piazzale alla Valle.
Wesentlich älter sind die Felsenkeller an den Ausläufern des Monte Generoso nördlich der Altstadt, wo seit Menschengedenken Wein, Käse und Wurstwaren gelagert werden. Im Innern des karstigen Bergmassivs gibt es unzählige Höhlen, aus denen kühle Luft nach draußen dringt. Die Einheimischen machten sich

Mit jedem Meter Aufstieg wird das Panorama großartiger: Wanderer am Monte Generoso

dieses Phänomen zunutze. So entstand der *Viale alle Cantine,* die Straße der Weinkeller. In den Gewölben herrscht eine konstante Temperatur um 10 Grad. Die zweistöckigen Gebäude in Gelb, Rot, Braun und Ocker gehen auf das 18. Jh. zurück.

Zum Schutz der Fassaden vor der Sonne wurden Bäume gepflanzt. Das macht die Allee heute zu einer wunderbaren Flanier- und Genussmeile mit zwei gastronomischen Highlights: Im INSIDER TIPP *Grotto Bundi (Mo geschl. | Viale alle Cantine 24 | Tel. 0916467089 | www.grottobundi.com | €€)* und im *Antico Grotto Ticino (Mi geschl. | Viale alle Cantine 20 | Tel. 0916467797 | www.grottoticino.ch | €€)* sollten Sie regionale Spezialitäten wie den INSIDER TIPP *Zincarlin* probieren. Der Käse aus dem Muggiotal schmeckt vorzüglich mit Olivenöl und Pfeffer oder aufgelöst in einem Risotto.

MONTE GENEROSO ★

(141 E2) ***(H5–6)***

Schon von unten ist der schroffe Zacken, der stolz in den blauen Himmel ragt, eine Wucht. Und von oben macht der südlichste Tessiner Panoramaberg (1704 m) die wunderbare Seenlandschaft zum Traummodell. An schönen Tagen reicht der Blick von den Walliser Hochalpen bis zum Apennin. Und die *Zahnradbahn (März–Nov. | www.montegeneroso.ch),* die in 40 Minuten ab Capolago gemütlich auf den Gipfel tuckert, verleiht dem Ausflug stresslose Romantik. Oben angekommen, bieten der Planetenweg, die Bärenhöhle sowie verschiedene Naturlehrpfade Abwechslung. Eine Hommage an die Berglandschaft stellt auch das neue Gipfelrestaurant in Form einer Bergblume dar. Die Pläne stammen vom Tessiner Architekten Mario Botta. Wer Lust hat, schwingt sich anschließend zur schneidigen Talfahrt in

den Fahrradsattel: Die Generoso-Bahn vermietet abfahrtstaugliche Räder.

INSIDER TIPP MONTE SAN GIORGIO
(141 D3) *(G–H6)*
Um die Geheimnisse des Monte San Giorgio zu entdecken, benötigen Sie Zeit. Allein schon deswegen, weil Sie den 1100 m hohen Gipfel nur zu Fuß erreichen – ab Meride in anderthalb Stunden. Der sanfte Aufstieg zur Gipfelkapelle lohnt sich wegen der wunderbaren Aussicht. Am besten brechen Sie am Morgen zeitig auf, denn dann ist es noch angenehm kühl und Sie sind fürs Mittagessen wieder zurück am Ausgangspunkt, wo Sie sich eine Tessiner Platte redlich verdient haben. Zur Einkehr empfiehlt sich das *Antico Grotto Fossati (So-Abend und Mo geschl. | Cantine 1 | Tel. 0916465606 | www.grottofossati.ch | €–€€)* mit schönem Blick auf Meride, eines der am besten erhaltenen Tessiner Dörfer.
Harmonisch ins Ortsbild fügt sich das *Fossilienmuseum (Museo dei Fossili | tgl. 9–17 Uhr | www.montesangiorgio.ch)* ein, das Mario Botta – wer denn sonst? – gestaltet hat. Dort sind die unterirdischen Schätze des Monte San Giorgio ausgestellt: bis zu 230 Mio. Jahre alte Versteinerungen. „Berg der Saurier" wird der San Giorgio auch genannt, denn in tiefer liegenden Gesteinsschichten wurden gut erhaltene Reste von Wirbeltieren aus der Urzeit gefunden. Charakteristisch für die dicht bewaldete Gegend ist auch der rote Marmor, mit dem u. a. der Mailänder Dom ausgestattet wurde. Auch die Kirche

VOTIVBILDER: GOTT SEI DANK!

Ein eindringliches Zeugnis des lokalen religiösen Lebens sind sogenannte Exvotos, Malereien, auf denen die Hilfeleistung einer himmlischen Macht dargestellt wird. Eine Besonderheit in den südlichen Alpentälern ist es, dass diese Bilder auch in kleineren, abgelegenen Kapellen und Pfarrkirchen zu finden sind. Die Madonna, die von einer Wolke mit gütigem Blick die Rettungsaktion nach einem Sturz von einer abschüssigen Alpweide beschwört; die Madonna, wie sie vom Himmel aus den über die Ufer getretenen Bergbach eindämmt; die Madonna, wie sie mit heilender Geste die Bettlägerigen vor Schlimmerem bewahrt: Solchen Motiven können Sie auch zuhinterst in einem Bergtal begegnen.

im pittoresken *Arzo* ist innen vollständig damit verziert – reingucken kostet nichts!

MUSEO VELA (141 D3–4) (*🕮 H6*)
Das Grenzdorf Ligornetto 5 km westlich von Mendrisio beherbergt ein kunsthistorisches Juwel: In einer herrschaftlichen Villa befindet sich eine der bedeutendsten Gipsfigurensammlungen Europas. Mittelpunkt des Museo Vela ist ein als Künstlerpantheon bezeichneter, achteckiger Saal mit Gipsmodellen des Bildhauers Vincenzo Vela aus dem 19. Jh.: Modelle für Statuen italienischer Nationalhelden wie Giuseppe Garibaldi oder Giuseppe Mazzini, die heute vielerorts in Italien die Hauptplätze schmücken. *Di–Sa 10–17, So, Juni–Sept. tgl. 10–18 Uhr | Largo Vela | www.museo-vela.ch*

RIVA SAN VITALE (141 D3) (*🕮 H6*)
Riva San Vitale (2300 Ew.) am Fuß des Monte San Giorgio am Südende des Luganer Sees beherbergt den ältesten Sakralbau der Schweiz: Das *Baptisterium San Giovanni* ist um 500 entstanden. Das Taufbecken, in einen Findling gehauen, hat imposante Ausmaße. *Tgl. 8–18 Uhr | Via Settala*

ESSEN & TRINKEN

OSTERIA CROCE (141 E3) (*🕮 H6*)
In diesem Lokal in Castel San Pietro trifft man kaum Touristen, dafür umso mehr Einheimische. Die zur Gaststätte gehörige Bocciabahn bietet nach dem Essen – u. a. Köstlichkeiten vom Grill – Abwechslung. *Di geschl. | Via Monte Generoso | Tel. 0916 83 22 76 | €€*

GROTTO EREMO DI SAN NICOLAO (141 E3) (*🕮 H6*)
Ein Traum, einfach und genial, hoch über Mendrisio gelegen: Nehmen Sie die schmale Straße, die auf den Monte Generoso führt, bis rund 2 km nach dem Dörfchen Somazzo. Über einem klaffenden Abgrund, beim Kirchlein der ehemaligen Einsiedelei, lädt dieser Grotto zu Polenta und Schmorbraten *(brasato). Im Winter Mo/Di, sonst Mo geschl. | Tel.*

LESEHUNGER & AUGENFUTTER

Die Verlobten – Ein Klassiker ist die anrührende Geschichte von Renzo und Lucia, die Alessandro Manzoni in seinem historischen Roman „I promessi sposi" (1827) zwischen Como, Lecco und Mailand angesiedelt hat. Burkhart Kroeber hat den Wälzer auf lebendige Art unter dem Titel „Die Brautleute" neu übersetzt

Meine ersten sieben Jahre und ein paar dazu – Dario Fo, Literaturnobelpreisträger von 1997, beschreibt hier amüsant bis skurril seine Jugendzeit am Lago Maggiore

Ocean's Twelve – Steven Soderberghs Fortsetzung des Ganovenfilms mit Starbesetzung – George Clooney, Brad Pitt, Julia Roberts, Catherine Zeta-Jones u. a. – wurde 2004 zum Teil am Comer See gedreht. Die Stars logierten in Clooneys dortiger Villa in Laglio

James Bond – Auch 007 verschlägt es an die Seen. In „Golden Eye" (1995) springt der Geheimagent am Verzasca-Staudamm in die Tiefe. Und die Neuauflage von „Casino Royal" (2006) mit Daniel Craig spielt zum Teil am Comer See

09 16 46 40 50 | www.grottoeremosanni colao.ch | €–€€

MONTALBANO (141 D4) (*🕮 G6*)
Herrlich gelegen in den Weinbergen, ist das Montalbano quasi die Vorwegnahme eines toskanischen Landguts, kombiniert mit einem lukullischen Traumtanz. *Sa-Mittag, So-Abend und Mo geschl. | Via Montalbano 34 c | San Pietro di Stabio | Tel. 09 16 47 12 06 | www.montalbano.ch | €€–€€€*

EINKAUFEN

Luxusmarken zu Schnäppchenpreisen: Das ist das Erfolgsrezept des ● Outletcenters *Foxtown (tgl. 11–19 Uhr | www.foxtown.ch)* in Mendrisio direkt bei der Autobahnausfahrt. 160 Fabrikläden der Mode-, Sportartikel-, Textil- und Lederbranche locken mit Rabatten zwischen 30 und 70 Prozent.

ÜBERNACHTEN

CASA BERETTA (141 D3) (*🕮 G6*)
Schönes Bed & Breakfast mit vier Betten in einem Jugendstilhaus am Dorfrand von Arzo. In der *Piccola Osteria* im Erdgeschoss können Sie vorzüglich und preiswert essen. *2 Zi. | Via Rinaldi | Tel. 09 16 46 11 31 | www.bnbcasaberetta.ch | €€*

PARK HOTEL ROVIO (141 E2) (*🕮 H5*)
Altehrwürdiges Hotel in Rovio mit schönem Panoramagarten am Fuß des Monte Generoso. Der Schriftsteller Gerhart Hauptmann ließ sich hier zu seinem Roman „Der Ketzer von Soana" inspirieren. *41 Zi. | Via ai Ronchi | Tel. 09 16 49 73 72 | www.parkhotelrovio.ch | €€*

AUSKUNFT

Via Lavizzari 2 | Mendrisio | Tel. 09 16 41 30 50 | www.mendrisiottoturismo.ch

Archaisch: Das Baptisterium in Riva San Vitale ist der älteste Kirchbau der Schweiz

COMER SEE

Hoch gerühmt und viel besucht: Der Comer See, mit 410 m der tiefste der Oberitalienischen Seen, gilt als erhaben und romantisch zugleich. Schon der römische Dichter Vergil besang seine Schönheit, der Komponist Franz Liszt verlor sich im „melancholischen Murmeln" der Wellen.

Und auch heute zieht der See in seinen Bann: Hollywoodstar George Clooney verliebte sich in diese Atmosphäre und erwarb für angeblich 8 Mio. Dollar die Villa Oleandra in Laglio. Kollege Tom Cruise zog nach und genießt in Drehpausen seine Villa Regina. Die Designerin Donatella Versace organisiert glanzvolle Modeevents in der Villa Fontanelle in Moltrasio zur Erinnerung an ihren ermordeten Bruder Gianni.

Natur, Kultur und Geschichte gehen am Lago di Como eine vielleicht einmalige Symbiose ein. Aristokratische Villen und Parkanlagen wie die Villa Carlotta stehen neben kleinen Fischersiedlungen und Gärten, romanische Kirchen wie Santa Maria del Tiglio in Gravedona entführen in eine andere Welt, und auf den Uferpromenaden und in den Badeanlagen herrscht fröhliches Treiben. Der See dehnt sich rund 50 km lang wie ein auf den Kopf gestelltes Ypsilon aus. Wo die beiden Arme zusammentreffen, liegt das in Grünanlagen gebettete Bellagio, die „Perle des Lario", wie der See in Italien auch genannt wird.

An anderen Stellen steigen seine Ufer aber steil und schroff an wie an einem alpinen Bergsee – und gleichzeitig sprießt

Bild: Villa Monastero in Varenna

Eine Perle in den Bergen: Der Comer See lädt zum inspirierenden Wechselbad zwischen mondäner Eleganz und rauer Bescheidenheit

im milden, mediterranen Klima die barocke Pracht subtropischer Flora. Die landschaftlichen Gegensätze machen den Reiz besonders des Westufers aus. Bereits die Römer errichteten hier vor rund zwei Jahrtausenden Villenanlagen; der lombardische Adel entdeckte im 16. Jh. den See und schuf seine Prachtbauten, die Kaiser und Könige beherbergten und heute von Industriekapitänen oder internationalen Firmen genutzt werden.
Deshalb zu meinen, der Comer See sei ein mondänes Reiseziel, ist jedoch verfehlt. Die extravaganten Villen und üppigen Gärten verleihen der Region zweifellos einen exotischen Reiz – doch heute kontrastieren sie mit der gelebten Alltagswelt. Mit Ausnahme der Städte Como und Lecco an den Südenden der beiden Seezipfel prägen kleine, enge und manchmal geheimnisvollstille Dörfer mit herrlichen Seepromenaden die Szenerie. Am Comer See verzichtet man weitgehend auf den Versuch, den Genuss der landschaftlichen Schönheit durch schreiende touristische Angebote zu raffinie-

ren. Der See gibt sich diskret – wohl nicht zuletzt deshalb mag ihn die Prominenz. Selbstverständlich bietet aber auch der Comer See handfeste Erlebnisse: Die famosen Winde treiben Surfer und Segler

Schmale Gassen, steile Treppenwege, einladende Trattorien: Bellagio

zu wilden Ritten übers Wasser an – und die hoch aufragenden Berge laden zu Wanderungen mit schwindelerregenden Tiefblicken.

BELLAGIO

(142 B1) (🕮 K5) **Superlative sind hier nicht übertrieben: Die Lage von ★ Bellagio (3800 Ew.) an der Spitze der dreieckigen Halbinsel zwischen den beiden südlichen Ästen des Comer Sees ist phänomenal.**

Wenn Sie ganz vorne auf der äußersten Landzunge stehen, haben Sie praktisch 270 Grad Seesicht – wohl nirgends kommt die Anmut des Lario, der die versöhnliche Milde des Wassers und die unbändige Kraft der Berge verbindet, besser zum Ausdruck. Mit seinen schmalen Gässchen und steilen Treppen, den blumenbekränzten Boutiquen und prächtigen Villen hat Bellagio Flair und ist der schönste Ort am Comer See, der mit seinem milden Klima das ganze Jahr über Besucher anzieht. „Im Sommer sind es manchmal zu viele", klagen selbst Geschäftsleute, die vom Tourismus leben. Im Winter, wenn Besucher allerdings vor vielen geschlossenen Hotels und Restaurants stehen, verwandelt sich Bellagio wieder in ein gemütliches Fischerdorf. Dem Lockruf „fangfrische Fische" – Aal, Schleie, Hecht und Barsch – kann man hier noch trauen.

SEHENSWERTES

BASILICA SAN GIACOMO

Die St.-Jakobs-Basilika, erbaut zwischen 1075 und 1125 von den „Maestri Comacini", den berühmten Comer Baumeistern und Steinmetzen des Mittelalters, ist eines der ersten Beispiele romanischer Baukunst. Der reich geschmückte Innenraum enthält Mosaikarbeiten und einen prunkvollen Altar aus dem 16. Jh. *Piazza della Chiesa*

MUSEO DEGLI STRUMENTI PER LA NAVIGAZIONE

In einem altehrwürdigen Turmbau im Ortsteil San Giovanni zeugen mehr als 200 Navigationsinstrumente von der Kunst des Seefahrens. *Tgl. 10–13 Uhr | Piazza Don Miotti | www.bellagiomuseo.com*

PARK DER VILLA SERBELLONI

Der Park der Villa Serbelloni am Hügel über dem Ort (nicht zu verwechseln mit dem Luxushotel am Seeufer!) wird zweimal täglich im Rahmen von 90-minütigen Führungen geöffnet. Zu bestaunen ist neben der terrassierten Gartenanlage mit Azaleen, Glyzinien, Zedern und Pinien auch eine herrliche Sicht auf beide Seearme. *Mitte März–Okt. Di–So | Infos bei der Touristeninformation*

PUNTA SPARTIVENTO

Die „Spitze, die den Wind trennt", bietet ein herrliches Panorama auf die drei Seearme und die Alpengipfel. Sie erreichen sie vom Zentrum in einem zehnminütigen Spaziergang.

VILLA MELZI D'ERIL

Die etwas außerhalb gelegene Villa, Anfang des 19. Jhs. im Empirestil gebaut, ist umgeben von einer prachtvollen Gartenanlage mit exotischen Pflanzen und klassizistischen Statuen. Durch die Platanenalleen spazierend, kann man sich gut vorstellen, dass sich Franz Liszt hier einst inspirieren ließ. *Ende März–Okt. tgl. 9.30–18.30 Uhr | www.giardinidivillamelzi.it*

ESSEN & TRINKEN

RISTORANTE MISTRAL

Das Grand Hotel Villa Serbelloni verfügt über ein seiner Noblesse entsprechendes

MARCO POLO HIGHLIGHTS

★ Bellagio
Die Lage des Orts an der Gabelung des Sees ist schöner, als es je ein Urlaubsprospekt zu zeigen vermag → S. 76

★ Dom Santa Maria Maggiore in Como
Ein monumentales Bauwerk in der attraktiven und lebendigen Innenstadt → S. 80

★ Santa Maria del Tiglio in Gravedona
Das romanische Gotteshaus strahlt noch immer die reine Frömmigkeit des Mittelalters aus → S. 91

★ Lecco
Die Stadt, in der Manzoni seinen berühmten Liebesroman schrieb, lässt einen nicht kalt → S. 85

★ Varenna
Ein abendlicher Aperitif auf der Seepromenade – das Panorama werden Sie nicht vergessen → S. 89

★ Sacro Monte di Varese
Über 14 Kapellen geht es hinauf zur Wallfahrtskirche → S. 94

★ Villa Carlotta
Üppige Blumenpracht im Garten und große Kunst im Marmorsaal → S. 93

Restaurant. Sternekoch Ettore Bocchia experimentiert auch mit der Molekularküche. *Außer Sa/So mittags geschl. | Via Roma 1 | Tel. 031956435 | www.ristorante-mistral.com* | €€€

SILVIO

Es gibt keine Speisekarte, denn serviert wird, was der See gerade offeriert. Zu kosten sind der garantiert frische Fisch und die selbst gemachten Teigwaren, natürlich mit Blick auf den See. Zum Restaurant gehört das gleichnamige familiäre Hotel *(21 Zi.). Tgl. | Via Carcano 12 | Ortsteil Loppia | Tel. 031950322 | www.bellagiosilvio.com* | €–€€

EINKAUFEN

CARNI CALIGARI

Große Auswahl an einheimischen Lebensmitteln und Delikatessen. Empfehlenswert: *formaggi nostrani* (Käse) und Olivenöl. *Via Bellosio 1*

LUIGI TACCHI

Spielsachen, Skulpturen, Serviertabletts: alles, was aus Olivenholz angefertigt werden kann. *Via Garibaldi 22*

I VETRI DI BELLAGIO

Spiegel, Vasen, dekorierte Teller, Christbaumschmuck, angefertigt nach traditioneller Art der Glasbläser. *Via Garibaldi 60 und Via Roma 26*

ÜBERNACHTEN

BELLAGIO BED & BREAKFAST

Die vielleicht günstigste Möglichkeit, in Bellagio zu übernachten. *2 Zi. | Via Paolo Carcano 79 | Tel. 031951680 | www.bellagiobedandbreakfast.com* | €

HAUS BETHUSY

Sechs gemütliche und ruhige Ferienwohnungen in der Altstadt. *Via Eugenio Vitali 20 | Tel. 3332894876 | www.hausbethusy.com* | €€

Pilgern *by bike:* das kuriose Radfahrmuseum bei der Wallfahrtskirche Madonna del Ghisallo

GRAND HOTEL VILLA SERBELLONI
Fünfsternehotel inmitten einer herrlichen Parkanlage mit phänomenaler Sicht auf den See. Beautyfarm, Pool und Spa. *83 Zi. | Via Roma 1 | Tel. 0 31 95 02 16 | www.villaserbelloni.com* | €€€

AUSKUNFT

Piazza Mazzini | Tel. 0 31 95 02 04 | www.bellagiolakecomo.com

ZIEL IN DER UMGEBUNG

MADONNA DEL GHISALLO
(142 B2) (*K6*)
Die Skulptur eines jubelnden und eines am Boden zerstörten Radrennfahrers erinnert daran, dass sich am Ghisallopass die Spreu vom Weizen trennt. Wenn Sie den bis zu 14 Prozent steilen Nordanstieg zu der Wallfahrtskirche, rund 750 m hoch 10 km südlich bei Magreglio am Hang des Monte San Primo gelegen, mit dem Rad zurückgelegt haben, werden Sie sich als Sieger fühlen – wie einst Fausto Coppi oder Gino Bartali. Von den Heldentaten dieser Radlegenden erzählt das *Museo del Ciclismo (April–Okt. tgl. 9.30–17.30 Uhr | museodelghisallo.it)*.

COMO

KARTE IM HINTEREN UMSCHLAG
(141 F4–5) (*J7*) **Como (98 000 Ew.) macht es Besuchern nicht ganz leicht: Um diese Stadt zu entdecken, muss man sich Zeit nehmen.**
Wer sich Como vom schweizerischen Grenzort Chiasso her mit dem Auto nähert, glaubt zunächst in eine nüchterne, gesichtslose Stadt zu gelangen. Trifft man dagegen mit dem Zug oder gar mit dem Schiff ein und geht an der imperialen Piazza Cavour an Land, erlebt man vom ersten Augenblick ein ganz anderes Como: eine noble, reizvolle Stadt mit urbaner Frische. Innerhalb ihrer mittelalterlichen Mauern bietet sie ein charmantes, ruhiges, autofreies Zentrum mit engen, aber nicht beengenden Gassen, mit einer Geschäfts-, Boutiquen- und Spezialitätenladendichte, die ihresgleichen sucht.
Besiedelt war Como schon unter den Kelten, später, während der Kriege gegen Mailand (im Mittelalter) und die Österreicher (19. Jh.), musste Como schwere Niederlagen einstecken. Glanz verliehen der Stadt vor allem die Seidenindustrie, die bis ins Mittelalter zurückgeht, und die Maestri Comacini, mittelalterliche Baumeister und Bildhauer aus der Gegend von Como, die ihre Werke in ganz Europa hinterließen.

SEHENSWERTES

BRUNATE
Einst ein kleiner Weiler oberhalb Comos, bis 1894 die *Standseilbahn (tgl. 6–22.30, Juni–Sept. bis 24 Uhr | Piazza Funicolare | www.funicolarecomo.it)* gebaut wurde. Seither hat sich Brunate zum Wohnort für privilegierte Villenbesitzer gewandelt. Die Fahrt von Como auf den „Balkon der

> CITY **WOHIN ZUERST?**
> Como erschließt sich am besten vom See her. Dort ist die **Piazza Cavour** an jener Stelle, wo das alte Hafenbecken im Zuge einer städtischen Umgestaltung im 19. Jh. zugeschüttet wurde, ein idealer Ausgangspunkt für den Bummel in die noch weitgehend ummauerte Altstadt. Vom Bahnhof San Giovanni – dort finden Sie auch Parkplätze – ist er in ca. zehn Gehminuten erreicht.

Alpen" dauert sieben Minuten. Von der Bergstation führen zwei gut ausgeschilderte Wanderwege nach Como zurück.

INSIDER TIPP CASA TERRAGNI

Die Bauten von Giuseppe Terragni (1904–1943) in Como gelten als Musterbeispiele der rationalistischen Architektur, die an die Bauhaustradition anknüpft. Offen bekannte sich der Architekt zum italienischen Faschismus, den Benito Mussolini mit einem Glashaus verglich. Von dieser Idee der Transparenz ließ sich Terragni leiten. Ab 1932 errichtete er die Parteizentrale von Como, die Casa del Fascio (heute Casa Terragni) an der Piazza del Popolo, ein Prisma aus weißem Marmor mit eindrucksvollen Licht- und Schatteneffekten in den geometrischen Fassadenaufbrüchen. Weitere Arbeiten Terragnis sind der Kindergarten *Asilo Sant'Elia (Via Alciato),* das Apartmenthaus im *Viale Fratelli Roselli 24* oder das Wohnhaus *Novocomum (Viale Sinigaglia 2–6).*

CASTELLO BARADELLO

Eine wunderbare Aussicht auf die Stadt hat man von der Burgruine etwa 3 km südlich auf dem 536 m hohen Monte Croce. Kaiser Friedrich Barbarossa ließ die Festung 1158 errichten, 1527 wurde sie zerstört. Der für seine Grausamkeit berüchtigte Bischof Ottone Visconti soll 1277 seinen Widersacher Napo Torriani in einen Käfig gesteckt und am Hauptturm aufgehängt haben, bis er verhungert war. *April–Sept. Sa/So 14–18 Uhr | www.spinaverde.it*

DOM SANTA MARIA MAGGIORE ★

Am besten setzen Sie sich in eines der Straßencafés auf der Piazza Duomo und betrachten bei einem Espresso den Dom von außen: Der herrliche Bau ist aus der Spätgotik (Fassade, Langhaus) durch die Renaissance (Querhaus) bis in den Barock (Kuppel) gewachsen. Zusammen mit dem romanischen Rathaus *(Broletto)* und dem Stadtturm *(Torre Comunale)* bildet er ein beeindruckendes Ensemble. Zu beiden Seiten des Hauptportals befinden sich die Statuen der in Como geborenen römischen Dichter Plinius der Ältere und Plinius der Jüngere. Im Inneren (die Sehenswürdigkeiten sind mit Infotexten auch auf Deutsch beschrieben) sieht man neben Gemälden von Bernardino Luini und Gaudenzio Ferrari u. a. eine mehrfarbige hölzerne Altartafel des Stadtheiligen Abbondio mit Figuren- und Bildergruppen von den Brüdern Rodari. Diese Art Altartafeln der Renaissance treffen Sie an vielen Kirchen rund um den Comer See (u. a. Morbegno, Ardenno) an. *Piazza Duomo*

MUSEO DIDATTICO DELLA SETA

Die Seidenherstellung war (und ist) für Como so bedeutend, dass ein Museum dazu nicht fehlen darf. Dokumentiert wird der gesamte Ablauf der Seidenfabrikation: von der Zucht der Raupe bis hin zum Färben und Pressen des Edelstoffs. Mit 10 Euro leider ziemlich teuer. *Di–So 10–18 Uhr | Via Castelnuovo 9 | www.museosetacomo.com*

SANT'ABBONDIO

Die Basilika liegt etwas versteckt in der Nähe der Bahngleise, gehört aber zu den bedeutendsten Sakralbauten von Como. Sie ist ein ursprünglich romanisches Bauwerk und enthält in ihrer Apsis einen wertvollen Freskenzyklus. *Via Regina Teodolinda/Via Sant'Abbondio*

VILLA OLMO

Eine längst gefällte Ulme *(olmo),* die Plinius der Jüngere an diesem Ort gepflanzt haben soll, gab der Villa aus dem 18. Jh. ihren Namen. Der stilvolle neoklassizistische Bau mit Spiegelsaal und Theater ist

Monumental und filigran zugleich: Comos Dom Santa Maria Maggiore

heute Kongresszentrum mit wechselnden Kunstausstellungen (dann Sonderöffnungszeiten). *Mo–Sa 9–12 und 15–18 Uhr | Via Cantoni 1 | www.villaolmocomo.it*

VOLTA-RUNDGANG

Como ist stolz auf den weltberühmten Physiker Alessandro Volta (1745–1827). Er hat am Ufer des Lario gelebt und doziert. Geboren wurde Volta an der nach ihm benannten Straße im Haus Nummer 62, das im 19. Jh. umgebaut wurde. Die Taufe fand in der *Chiesa di San Donnino* statt, die an der Piazza Volta steht. Heute erinnert eine Statue an den Elektrizitätsforscher. Aufgewachsen ist der spätere Erfinder der Batterie und Entdecker des Methangases an der Via Volta 5 in Brunate. Seine Experimente führte er in der *Torre Gattoni (Ecke Viale Cattaneo/Viale Varese)* durch, wo er sich sein erstes Labor eingerichtet hatte. Die erste Batterie sowie originale und rekonstruierte Instrumente, die der Physiker für seine Experimente benutzt hatte, sind im *Tempio Voltiano (Di–So 10–18 Uhr)* ausgestellt.

ESSEN & TRINKEN

OSTERIA L'ANGOLO DEL SILENZIO

Eines der ältesten Lokale der Stadt mit lombardisch geprägter Küche. Der Wildschweinbraten mit Johannisbeeren ist ebenso köstlich wie der Salat mit Pilzen und Kaninchenfleisch. *Mo geschl. | Viale Lecco 25 | Tel. 03 13 37 21 57 | www.osterialangolodelsilenzio-como.com* | €–€€

ANTICA OSTERIA CROTTO DEL SERGENTE

Man tafelt in einem alten Kellergewölbe, große Weinkarte, hausgemachte Gerichte mit lokalen Zutaten – ein Geheimtipp im Grünen wenige Fahrminuten außerhalb. *Sa-Mittag und Mi geschl. | Via Crotto del Sergente 13 | Tel. 031283911 | www.crottodelsergente.it* | €

RISTORANTE PIZZERIA NAPULE È

Der Name ist Programm: Hier gibt es neapolitanische Pizzen und Meeresgerichte. *Di geschl. | Via Dottesio 22 | Tel. 0313079 32* | €

IL SOLITO POSTO

So, wie's im Gründungsjahr 1888 war, ist es noch heute. Nur die Küche hat sich verändert und den heutigen Gepflogenheiten angepasst. Ausgezeichnete Pastagerichte, doch auch die Kartoffelgnocchi mit Rucola und geräucherter Forelle sind lecker. *Mo geschl. | Via Lambertenghi 9 | Tel. 031271352 | www.ilsolitoposto.net* | €–€€

EINKAUFEN

Como ist eine Einkaufsstadt für alle Brieftaschen. Die autofreien Gassen des historischen Zentrums machen das Schaufensterbummeln zum Vergnügen. Ein großer *Wochenmarkt* findet Di und Do vormittags und Sa den ganzen Tag am mittelalterlichen Turm bei der *Piazza Vittoria* statt. Hochwertige Souvenirs finden Sie im Outletstore *InComo (Via Pasquale Paoli | www.incomo.com)*. Familie Orsenigo verkauft dort nicht nur Seidenkrawatten und -schals aus eigener Produktion, sondern auch von anderen renommierten Marken. Ein großes Angebot an Seidenprodukten in bezaubernden Mustern finden Sie auch im *Emporio della Seta (Via Canturina 190 | www.frey.it)* der 1899 gegründeten Firma Frey & Co. Bei *Filippo Caimi (Via Natta 17)* gibt es eine große Auswahl an italienischen Schuhen zu vernünftigen Preisen. Die Boutique *Artemia (Via Boldoni 18)* in der Nähe des Doms führt exklusive Geschenk- und Haushaltsartikel.

FREIZEIT & SPORT

In Como gibt es zwei Seebadeanstalten: *Lido Villa Geno (Viale Geno 13)* am östlichen und *Lido Villa Olmo (Via per Cernobbio)* am westlichen Ufer. Fahrradverleih bei *Rullo Bike* etwas außerhalb in der *Via Grandi (Tel. 031263025)*. 30-minütige Rundflüge im Wasserflugzeug können Sie ab 150 Euro buchen *(Tel. 031574495 | www.aeroclubcomo.com)*.

AM ABEND

IL BIRRIFICIO DI COMO

Selbst gebrautes Bier und eine große Auswahl an Cocktails bietet dieser Treffpunkt im alten Brauereigebäude. Bar, Restaurant und großer Garten. *Tgl. | Via Pasquale Paoli 3 | www.ilbirrificio.com*

BAR GIULIANI

Weinbar, Musiklokal, Restaurant, Konzertlocation: *die* Adresse für den Abend. *Mo geschl. | Piazza Alcide de Gasperi 8 | www.bargiuliani.it*

TEATRO SOCIALE ●

Oper, Konzerte, Tanz, Melodram, Recitals: Das Teatro Sociale direkt hinter der Kathedrale bietet ein buntes Programm. Das klassische Logentheater mit 1000 Plätzen erinnert an die berühmte Mailänder Scala. Als diese 1943 nach einem Bombenangriff unbenutzbar war, fanden die Interpreten der Scala hier drei Jahre lang Asyl. *Via Bellini 3 | www.teatrosocialecomo.it*

ÜBERNACHTEN

INSIDERTIPP B & B CONVENTO SANT'ANTONIO

Mit viel Sinn für Theatralik und noch mehr alten Möbeln verwandelten der Antiquar Giampiero Molteni und seine Töchter ihr Heim, ein ehemaliges Kloster, in ein schönes Bed & Breakfast. Zentrale Lage in der Domnähe. *3 Zi. | Via Rezzonico 23 | Tel. 03 44 77 21 17 | www.bblakecomo.it | €€*

ALBERGO FIRENZE

Ein angenehmes Hotel, zentral, aber ruhig an der hübschen Piazza Volta gelegen. *40 Zi. | Piazza Volta 16 | Tel. 0 31 30 03 33 | www.hotelfirenzecomo.com | €€*

PALACE HOTEL

Dem luxuriös renovierten Hotel, ausgestattet mit venezianischem Stuck und Marmor, ist ein Logenplatz beschieden: mitten im *centro,* direkt am See. *99 Zi. | Lungolario Trieste 16 | Tel. 0 31 30 33 03 | www.palacehotel.it | €€€*

AUSKUNFT

Piazza Cavour 17 | Tel. 0 31 33 00 128 | www.lakecomo.eu

Shopping ganz entspannt im autofreien Zentrum – wenn nur nicht der Blick aufs Preisschild wäre

ZIELE IN DER UMGEBUNG

CERNOBBIO (141 F4) (*🕮 J7*)

Bekannt ist der 5 km von Como entfernte Ferienort (7000 Ew.) vor allem dank der *Villa d'Este,* einer der nobelsten Herbergen der Welt. Die Villa stammt aus dem 16. Jh. Im 19. Jh. wurde sie in ein Luxushotel *(152 Zi., 14 Suiten | Via Regina 40 | Tel. 0 31 34 81 | www.villadeste.com)* umgewandelt und ist seither leider nur noch für Gäste zugänglich. Wie erlaucht diese sein müssen, zeigt ein Blick auf die Preisliste: Eine Übernachtung in einer Suite kostet bis zu 1600 Euro. Der Park mit 500 Brunnen, Wasserspielen und Grotten gilt als ein Meisterwerk der italienischen

Renaissance-Gartenbaukunst. Bescheidener, aber auch eindrucksvoll ist der riesige *Garten der Villa Il Pizzo (April–Okt. tgl. 8.30–12.30 und 14–17 Uhr | www.villapizzo.eu),* durch den lange Spazierwege führen. Außerdem besitzt Cernobbio eine hübsche Altstadt, in der am Mittwochvormittag ein stimmungsvoller *Wochenmarkt* stattfindet. Seebaden am *Lido Riva di Cernobbio* mit Kinderschwimmbad. Motorboote für Spritztouren auf dem See vermietet *Non solo Barche (Piazza Risorgimento | www.taxiboatcernobbio.it).*

Wer möchte nicht einmal, und sei es nur für eine Nacht, in einer Villa mit Seeblick residieren? Das kleine INSIDER TIPP *Albergo Ristorante Fioroni* in Carate Urio *(7 Zi. | Tel. 0 31 40 01 49 | www.hotelfioroni.it | €€)* eignet sich vorzüglich dazu.

Vom Dorf *Argegno* aus gibt es einen einfachen Wanderweg zu der aus dem 17. Jh. stammenden Wallfahrtskirche Sant'Anna. Im Halbstundentakt schwebt vom Dorf eine Seilbahn *(www.aapigra.it)* nach *Pigra* (870 m). Mountainbiker können ihr Rad mitnehmen.

STRADA REGINA (141 F2–4) *(J5–7)*

Die alte, schmale Straße am Westufer des Sees, benannt nach einer langobardischen Königin, verband Como bereits zur Römerzeit mit den Alpenpässen. Heute bietet eine Fahrt auf der historischen Straße königliche Einblicke in die aktuelle Realität des Comer Sees. Das phantastische Panorama ist atemraubend – nehmen Sie sich deshalb Zeit für die Fahrt!

TORNO (141 F4) *(J6)*

7 km auf dem Weg nach Bellagio liegt das 1200-Seelen-Dorf *(www.prolocotorno.it),* das im Mittelalter durch Tuchverarbeitung reich wurde – doch 1522 plünderten und zerstörten die Truppen von Como das Städtchen. Torno hat sich von diesem Rückschlag wirtschaftlich nie erholt, wirkt mit seinem intakten Ortsbild aber dennoch malerisch.

Überragt von den schroffen Felsen des Grignemassivs: Lecco am südöstlichen Ende des Sees

Etwas außerhalb liegt die *Villa Pliniana,* die man in einem halbstündigen Spaziergang erreicht. Das Gebäude ist zwar nach dem römischen Dichter und Denker Plinius benannt, wurde aber erst 1575 erbaut. Im Park sprudelt aus einem Berg eine INSIDER TIPP merkwürdige Quelle, deren Pegel regelmäßig steigt und fällt und einen Wasserfall speist. Erklären lässt sich das Phänomen, über das sich schon Plinius den Kopf zerbrach, durch die Wirkung eines natürlichen Siphons im Berginnern. Die Villa, die nur von außen besichtigt werden kann, beherbergte prominente Gäste wie Byron, Stendhal, Napoleon, Liszt und Rossini, der hier in nur sechs Tagen seine Oper Tancredi komponiert haben soll.

Im *B & B Torno alla Riva (4 Zi. | Via Plinio 11 | Tel. 0 31 41 91 50 | www.tornoallariva.it | €–€€)* können Sie im Art-déco-Stil an der Piazza direkt am Seeufer übernachten. Die Besitzer organisieren Bike- und Bootstouren und im August gibt es auf der Piazza ein Open-Air-Kino.

LECCO

KARTE IM HINTEREN UMSCHLAG

(143 D4) *(🕮 L–M6)* **An ★ Lecco (48 000 Ew.) scheiden sich die Geister: Während viele Italiener die Nase rümpfen, wenn es um die von der Metallindustrie geprägte Stadt am Ostarm des Sees geht, stuft CNN Travel sie als romantischste Stadt der Region ein. Einen Besuch ist Lecco auf jeden Fall wert.**

Die Eisenverarbeitung prägte das Leben in der Stadt über Jahrhunderte. Daneben fanden viele ein Auskommen in den Webereien und Spinnbetrieben. Die Vergangenheit ist in Lecco auf Schritt und Tritt präsent, wenn Sie auf den Spuren von Alessandro Manzoni (1785–1873) wandeln. Der INSIDER TIPP *Manzoni-Weg (Itinerario dei Luoghi Manzoniani)* führt Sie zu Schauplätzen, die der Schriftsteller in seinem berühmten Roman *I Promessi Sposi* („Die Brautleute") beschrieben hat, der dramatischen Geschichte des Bauernpaars Renzo und Lucia während der spanischen Fremdherrschaft im 17. Jh. In den Rundgang eingebettet sind u. a. die *Villa Manzoni (Di–Fr 9.30–18, Sa/So 10–18 Uhr | Via Guanella 1 | www.museilecco.org),* in der der Autor seine Kindheit verbracht hat, das Denkmal auf der Piazza Manzoni sowie die kleine Kapelle in der Altstadt, wo Don Rodrigo dem Dorfpfarrer die zur Redewendung gewordene Botschaft überbrachte: „Diese Hochzeit darf nicht stattfinden, weder morgen noch an einem anderen Tag." Die romantisch-düstere Dimension der Stadt Lecco kommt wohl nirgends besser zum Ausdruck als in diesem Manzoni-Zitat.

SEHENSWERTES

BASILICA SAN NICOLÒ

Dass der Campanile mit seinen 96 m einer der höchsten Kirchtürme Italiens ist, wird Ihnen wahrscheinlich gar nicht auffallen – denn im Vergleich zu den imposanten Felswänden des Resegone und der Grigna, die Lecco umgeben, erscheint er demütig klein. Auf 380 Stufen gelangen Sie zur *Aussichtsplattform* auf dem Turm, den die Einheimischen *Il Matitone* nennen, weil er wie ein riesiger Bleistift in die Höhe ragt. *Anmeldung obligatorisch unter www.campaniledilecco.it | Via San Nicolò*

PIANI D'ERNA

Die Seilbahn *(Via Prealpi 34)* bringt Sie in nur fünf Minuten hoch auf den Balkon über der Stadt. Auf 1329 m angekommen, sollten Sie sich Zeit nehmen: etwa für den zweieinhalbstündigen *Naturlehrpfad,* der Sie durch die alpine Landschaft führt. Tatendurstige können sich im *Klettergarten* und auf den *Tubingbahnen* austoben *(www.pianidibobbio.com).*

PONTE AZZONE VISCONTI (PONTE VECCHIO)

Dieser Brücke mit elf Bögen verdankte Lecco im 14. Jh. seinen Aufschwung: Über sie war die Stadt mit dem Herzogtum Mailand verbunden und konnte sich zu einem Handelszentrum entwickeln. Heute ist die mittlere der drei Brücken Leccos berühmtestes Bauwerk.

TORRE VISCONTEA

Der zinnenbewehrte Turm des ehemaligen Visconti-Schlosses war zwischenzeitlich ein Gefängnis und beherbergt heute Wechselausstellungen. *Piazza XX Settembre*

LOW BUDG€T

Campen macht am exklusiven Comer See einen Aufenthalt erschwinglich. Auf über 10 000 m² erstreckt sich das *Feriendorf Gefara (Via Case Sparse 230 | Tel. Sommer 0 344 96163, Winter 0 344 95121 | www.campinggefara.it)* in Domaso am Nordende des Sees. Der Strand ist lang und das Freizeitangebot groß, u. a Beachvolleyball und Tischtennis.

In der Jugendherberge *Ostello dell'Olmo (50 Betten | Via Bellinzona 2 | Tel. 0 31 57 38 00 | www.aighostels.it)* im Park der Villa Olmo in Como bekommen Sie ab 21 Euro ein Bett und ein Frühstück. Reservieren!

Viele Bars organisieren zwischen 17 und 19 Uhr sogenannte *aperitivi*, bei denen zu einem Drink gratis kleine Häppchen aufgetischt werden. In einigen hat sich das längst zu regelrechten Aperitifbuffets mit einem überbordenden Angebot ausgewachsen. Beliebte Treffpunkte zum *aperitivo* sind in Como das *Riva Café (Via Cairoli 10 | www.rivacafecomo.com)* oder das *Caffè Mazzini (Piazza Mazzini 13 | www.caffemazzini.it).*

ESSEN & TRINKEN

AL PORTICCIOLO 84

Zwiebelsuppe mit Krebsen, Tintenfischrisotto, Steinbutt mit Fenchelsauce und Steinpilzen: Der kulinarischen Phantasie sind in dem feinen Fischrestaurant keine Grenzen gesetzt. *Mo/Di und außer So mittags geschl. | Via Fausto Valsecchi 5–7 | Tel. 03 41 49 81 03 | www.porticciolo84.it* | €€

INSIDER TIPP OSTERIA MONTALBANO

Mitten im Grünen mit Blick auf Lecco eine richtige italienische Trattoria mit hausgemachter Pasta, z. B. Nudeln in Nusssauce. *Di geschl. | Via Montalbano 30 | Ortsteil Montalbano | Tel. 03 41 49 67 07 | www.osteriamontalbano.it* | €–€€

EINKAUFEN

Der traditionelle (seit 1149!) *Wochenmarkt (Mi und Sa den ganzen Tag)* ist vom Zentrum auf das ehemalige Eisenbahngelände zwischen der Via Amendola und der Via Ghislazione verlegt worden. Die INSIDER TIPP Metzgerei *Rusconi (Piazza XX Settembre 32)* verkauft selbst gemachte, luftgetrocknete Bresaola, eine Trockenfleischspezialität aus der Region.

AM ABEND

COLONNE COMMERCIO

In dieser Bar trifft sich die Jugend Leccos. Sollte es drinnen zu eng werden, weicht

Angenehmes Pflichtprogramm in Civate: ein Spaziergang hinauf zur Kirche San Pietro al Monte

man mit seinem Drink auf die Piazza aus. *Tgl. | Piazza XX Settembre 8*

ÜBERNACHTEN

HOTEL DON ABBONDIO

Das INSIDER TIPP romantischste Hotel der Stadt liegt an der Adda im Stadtteil Pescarenico, wo die letzten Fischer ihre Fänge aus dem Fluss ziehen. *19 Zi. | Piazza Era 10 | Tel. 03 41 36 63 15 | www.donabbondio.com | €€*

AUSKUNFT

Piazza XX Settembre 23 | Tel. 03 41 29 57 20 | www.eccolecco.it

ZIELE IN DER UMGEBUNG

BELLANO (136 C6) (*🕮 L4*)

Die engen, dunklen Gassen, die im hinteren Teil steil ansteigen, verleihen dem gut 25 km nördlich gelegenen Bellano (3200 Ew.) ein Ambiente, das zwischen anziehend und beklemmend schwankt. Im *Orrido (stark gestaffelte Zeiten s. www.turismobellano.it/it/orrido)*, der spektakulären Schlucht des Flusses Pioverna, schlägt die Gefühlslage in staunende Begeisterung um. Auf dem See vor Bellano fühlen sich Segler wohl, da hier stets ein angenehmer Wind weht. Drei stilvolle Zimmer mit herrlichem Seeblick locken im *B & B Casa delle Rondine (Frazione Oro 20 | Tel. 03 41 82 05 86 | www.oroalto.it/rondini | €)* oberhalb von Bellano.

CANZO (142 B–C4) (*🕮 K6*)

Für eine typische Süßspeise lohnt sich ein Abstecher in das knapp 20 km westlich gelegene Städtchen. Dort produziert Erica Figini in der INSIDER TIPP *Fabbrica dei Nocciolini (Via Brusa 32 | www.fabbricadeinocciolini.it)* aus Haselnüssen aus den Bergen sowie Zucker und Eiweiß die *nocciolini di Canzo.*

CIVATE (142 C4) (*🕮 L7*)

5 km westlich am kleinen Lago di Annone liegt Civate mit der außergewöhnlichen romanischen Kirche INSIDER TIPP *San Pietro al Monte (So 9–16 Uhr, sonst n. V. |*

Tel. 03 41 55 15 76) und ihren byzantinischen Stuckarbeiten und Fresken. Sie ist nur nach rund 60 Minuten Fußweg zu erreichen.

COLICO (137 D4–5) *(🕮 L3)*
Colico (6200 Ew.), nördlichster Ort am Ostufer und rund 40 km von Lecco entfernt, verdankt seine Attraktivität einem natürlichen Partner: dem warmen Südwind Breva, der von März bis Oktober weht. Das Dorf ist daher bei Surfern und Seglern sehr beliebt. *Jordan'Surf (Via Montecchio Nord 25 | Tel. 33 86 71 92 50 | www.kitezoo.it)* verleiht Bretter und bietet Kurse an. Direkt am See befindet sich das *Hotel Risi (36 Zi. | Lungolario Polti 1 | Tel. 03 41 93 30 89 | www.hotelrisi.com | €€)*. Eine stille, feierliche Atmosphäre verbreitet die *Abtei von Piona* 5 km südlich an der Bucht des viel besuchten *Laghetto di Piona*. Zisterziensermönche *(www.abbaziadipiona.it)* stellen nach einem alten Rezept Kräuterlikör und Tee her.

CORENNO PLINIO ● (136 C5) *(🕮 L3)*
Die mittelalterliche Festung des *Castello di Corenno Plinio (frei zugänglich)*, im 14. Jh. von der noblen Familie Andreani errichtet, ist eine der am besten erhaltenen Burgen der Lombardei. Dazu gehört eine Kirche mit Fresken aus dem 15. Jh. Nahebei überm See finden Sie in *Dorio* die geschmackvolle Ferienanlage *Oasi dei Celti (Via del Piave 31 | Tel. 03 41 80 68 64 | www.oasideicelti.com | €€)* mit 52 Apartments, Restaurant und Pool.

IMBERSAGO (143 D–E6) *(🕮 M8)*
Zwischen 1483 und 1489 studierte Leonardo da Vinci die Schiffbarkeit des Flusses Adda sowie eine mögliche Kanalverbindung nach Mailand. Im 15 km südlich von Lecco gelegenen Imbersago wurde nach den Plänen des Genies eine Fähre nachgebaut. *www.comune.imbersago.lc.it*

MANDELLO DEL LARIO
(142 C2–3) *(🕮 L6)*
Mandello del Lario (10 000Ew.), neben dem 10 km südlich gelegenen Lecco der größte Ort am Ostufer, ist die Heimat einer Ikone der italienischen Motorradwelt: der Moto-Guzzi-Werkstätten. Wer Moto Guzzi fährt, hat nicht einfach ein Motorrad gekauft, sondern ein Bekenntnis abgelegt: wider die lärmige Zeitgeistraserei, für den Genuss auf zwei Rädern. Wer schon mal auf einer Moto Guzzi gesessen hat, für den ist der Museumsbesuch Pflicht: *Museo del Motociclo Moto Guzzi (geführte Besichtigungen Mo–Fr 15–16 Uhr | Via Parodi 63)*.

VALSASSINA
(143 D–E 1–3) *(🕮 L–M 5–6)*
Wenn Sie nicht auf den Spuren des berühmten Kletterers Riccardo Cassin wandeln wollen, dann sollten Sie das Grignemassiv mit seinen bizarren, schroffen Kalkfelsen links liegen lassen – im ganz wörtlichen Sinn. Denn von Lecco führt eine schöne Route durch die Valsassina nach Bellano, von wo Sie am See entlang wieder an den Ausgangspunkt zurückkehren können.
Nehmen Sie sich für diese 82 km lange Rundfahrt Zeit für Zwischenstopps, denn das Tal ist berühmt für seine Käse. Formagella, Kräuterkäse oder Grignone können Sie beispielsweise im *agriturismo Pian delle Fontane (Via Mauri 54 | www.piandellefontane.it)* in Ballabio frisch vom Hof kaufen. Wenn Ihnen der Sinn nach Taleggio steht, sollten Sie einen Abstecher zur *Käserei der Familie Carozzi (Via Provinciale 14 | www.carozzi.com)* in Pasturo machen, die diesen würzigen Weichkäse in einem speziellen Verfahren herstellt. Ebenfalls in Pasturo zu Hause ist *Emilio Mauri (Via Provinciale 11 | www.mauri.it)*, dessen Gorgonzola in einem alten Felsenkeller reift.

VARENNA ★ (142 C1) (*🕮 K4*)
Varenna (850 Ew.) gut 20 km nördlich von Lecco ist das romantische Schmuckstück des Comer Sees. Wunderschön bettet sich das Dorf auf ein Felsriff; wer vom Dorfkern zum See will, muss zuerst einige steile Treppenstufen hinuntersteigen (und wieder zurück!). Das Ufer ist teilweise nur auf einem schmalen Steg begehbar. Zu bestaunen gibt es hier Italiens kürzesten Fluss: Der *Fiumelatte* kann auf seinen 250 m von der Quelle bis zur Mündung in den See begleitet werden. Etwas außerhalb, in Perledo, liegt die ● *Burg von Vezio (März–Okt. Kernzeit tgl. 10–17, im Sommer bis 18/19/20 Uhr | www.castellodivezio.it)*, deren Turm aus dem 14. Jh. stammt. Die Aussicht ist phänomenal. Direkt am See liegt die *Villa Monastero (www.villamonastero.eu)*, ein ehemaliges Zisterzienserkloster, heute Kongresszentrum, dessen *Gärten (April und Sept./Okt. tgl. 10–18, Mai–Aug. 9.30–19 Uhr)* besucht werden können. Gleich nebenan steht die *Villa Cipressi (Mitte März–Okt. tgl. 9–18 Uhr)*, ebenfalls ein Kongresszentrum mit prachtvollem Garten.
Zum Schlemmen laden in Varenna die Restaurants in der Via XX Settembre ein, etwa das *Il Cavatappi (Mo–Mi geschl. | Tel. 03 41 81 53 49 | www.cavatappivarenna.it | €€)*, das mit raffinierter italienischer Küche überzeugt.

In Varenna wird die Uferpromenade zum schmalen Steg, so eng ist der Ort an den Fels gepresst

MENAGGIO

(142 B1) (*🕮 K4*) **Der historische Kern dieses lebhaften Zentrums am Westufer (3200 Ew.) liegt malerisch auf einer kleinen Halbinsel längs einer blumengeschmückten Promenade.**
Allerdings müssen Besucher mit viel Verkehr um den Ort herum rechnen: Hier zweigt westlich die Straße hinauf zum

Im Hotel du Lac an der lebendigen Piazza Garibaldi wohnen Sie direkt am See

Pass Richtung Luganer See ab, und vom Anleger in Menaggio sticht die Autofähre nach Bellagio und Varenna in See. 1939 wurde bei Menaggio einer der ersten Golfplätze der Region eingerichtet. 1858 war der Ort Zentrum der aufständischen Bewegung gegen die österreichische Herrschaft. Jeden zweiten und vierten Freitag des Monats ist Markt in Menaggio. Baden kann man im *Lido Giardino.*

SEHENSWERTES

STADTRUNDGANG

Der Verkehrsverein Menaggio hat einen 90-minütigen Rundgang erarbeitet, auf dem die Zeugen verschiedener Epochen zu bestaunen sind, etwa die barocke Kirche romanischen Ursprungs *Santo Stefano* oder die Überreste der mittelalterlichen *Burg.* Sehenswert ist zudem der schiefe Kirchturm aus dem 12. Jh. von *Santi Bartolomeo e Michele* im Stadtteil Nobiallo.

ESSEN & TRINKEN

LA BAITA

Hier erinnern Schmorbraten und Polenta daran, dass hinter dem See und seinen Palmen die Bergtäler liegen. Etwas außerhalb in der Nähe des Golfplatzes. *Di geschl. | Via Wyatt 35 | Tel. 0 34 43 21 95 |* €

RISTORANTE CHEZ MARIO

Hotelrestaurant in einer Parkanlage in Loveno mit herrlicher Aussicht auf den See. Traditionelle lombardische Küche. *April–Okt. tgl. | Largo Vittorio Veneto 1 | Tel. 0 34 43 14 44 | www.royalcolombo.com |* €€

EINKAUFEN

OLEIFICIO VANINI OSVALDO

Die preisgekrönte Ölmühle produziert im 8 km südlich gelegenen Lenno in den nördlichsten Olivenhainen Italiens nicht nur Öl, sondern auch Seifen, Shampoo sowie Hautcremes. *Via Pellico 10 | www.oliovanini.it*

ÜBERNACHTEN

CORONA
Familienbetrieb im Zentrum mit Blick auf den See. Nur fünf Minuten vom Strandbad entfernt. *22 Zi. | Largo Cavour 3 | Tel. 0 344 32 0 06 | www.hotelgarnicorona.com | €–€€*

HOTEL DU LAC
Ein romantisches Hotel nur wenige Meter vom See an einem lebhaften Plätzchen im alten Stadtkern gelegen. Der großzügige Tearoom bietet einen wunderbaren Blick auf den See. *10 Zi. | Via Mazzini 27 | Tel. 0 344 35 2 81 | www.hoteldulacmenaggio.it | €€*

AUSKUNFT

Piazza Garibaldi 8 | Tel. 0 344 32 9 24 | www.menaggio.com

ZIELE IN DER UMGEBUNG

DONGO (136 C5) (*⊞ K3*)
Das Dorf (3500 Ew.) 13 km nördlich ist in ganz Italien berühmt, weil Partisanen hier am 27. April 1945 den italienischen Diktator Benito Mussolini gefangen nahmen. Das *Museo della Resistenza (April–Juli und Aug.–Okt. Di–So 10–13 und 15–18, Aug. 10–18 Uhr | Piazza Parachini 6 | www.museofineguerradongo.it)* im Rathaus erinnert an die antifaschistische Bewegung in der Region. Bekannt für seine *crotti* ist der Ortsteil *Stazzona* oberhalb von Dongo: altehrwürdige Felsenkeller, einst zur Konservierung genutzt, die im Zeitalter des Kühlschranks zu Gaststätten umfunktioniert wurden. Würste, Käse, Grillspezialitäten und Polenta werden Ihnen u. a. im *Crotto Isidoro (im Sommer tgl. | Via Vanzonico | Tel. 0 344 88 3 13 | €)* aufgetischt.

GRAVEDONA (136 C4) (*⊞ L3*)
Gravedona 17 km nördlich von Menaggio war im Mittelalter eine unabhängige Stadtrepublik. Schmuckstück aus jener Zeit ist die im 12. Jh. erbaute Kirche ★ *Santa Maria del Tiglio* mit schwarzen und weißen Steinbändern. Links vom Eingang befindet sich ein großes Fresko des Jüngsten Gerichts. Auch sind noch Reste des ehemaligen Mosaikbodens einer frühchristlichen Taufkirche zu sehen, die einst dort stand. Aus dieser Epoche, nämlich dem 5. Jh., ist noch die nahe gelegene Kirche *San Vincenzo* erhalten. Sie ist ebenso sehenswert wie der *Palazzo Gallio,* ein viereckiger Monumentalbau mit vier Ecktürmen.
Ebenfalls einen mittelalterlichen Kern hat das Dorf *Livo* oberhalb von Gravedona. Am gleichnamigen Bach entlang gelangt man in einer drei- bis vierstündigen Wanderung zum malerischen Bergsee *Lago di Darengo* auf 1781 m. In der Hütte *Rifugio Como (www.caicomo.it)* können Sie sich verpflegen und die wunderbare Aussicht genießen.

GREENWAY DEL LARIO (142 A–B 1–2) (*⊞ J–K5*)
Abseits des Verkehrs gelangt man auf diesem gut markierten, 10 km langen Spazierweg in ca. dreieinhalb Stunden von Colonno nach Griante, vorbei an alten Kirchen, malerischen Parks und urtümlichen Ortschaften.

GRIANTE-CADENABBIA (142 B1) (*⊞ K5*)
Cadenabbia ist der am See gelegene Ortsteil von Griante-Cadenabbia (800 Ew.). Bekannt ist der 3 km südlich von Menaggio gelegene Ort vor allem wegen der

Villa La Collina (www.kas.de/villalacollina). Einst das Reiseziel des deutschen Bundeskanzlers Konrad Adenauer, der hier in den 1950er- und 1960er-Jahren urlaubte, ist sie heute Sitz der Adenauerstiftung und auch für Individualgäste zugänglich.

Außergewöhnlich und nicht zu übersehen liegt die kleine Kirche *San Martino* unterhalb des gleichnamigen Felsens. Übernachten kann man günstig im benachbarten Griante im B & B *Casa Pini (3 Zi. | Tel. 0344 37302 | www.casapini.com | €)*.

ISOLA COMACINA (142 A2) (*J–K5*)

Man kann sich heute fast nicht mehr vorstellen, dass die einzige Insel im Comer See einst ein Machtfaktor war. Im Mittelalter gab es auf dem 600 × 200 m großen Eiland eine Burg und fünf Kirchen. Die Insel stand aufseiten des kaiserfeindlichen Mailands, und bei den Auseinandersetzungen mit Friedrich Barbarossa wurde sie 1169 zur Strafe vollkommen zerstört und aufgegeben. Zumal da noch der Fluch des Comer Bischofs Vidulfo war: „Es werden niemals mehr die Glocken läuten, niemand wird mehr einen Stein auf den anderen setzen, niemand wird hier mehr Wirt sein unter der Strafe eines qualvollen Todes."

Lange Zeit setzte niemand mehr einen Fuß auf die verfluchte Insel, die nach dem Ersten Weltkrieg dem belgischen König vermacht wurde. Dieser gab den Bau von Häusern für Künstler in Auftrag, ehe er beim Bergsteigen tödlich verunglückte. 1947 wollten Carlo Sacchi, Sandro De Col und Lino Nessi auf der Insel ein Gasthaus bauen. Doch als De Col bei einem Motorbootunfall ums Leben kam und Sacchi von seiner Verlobten ermordet wurde, wollte Nessi das Projekt aufgeben. Die englische Schriftstellerin Francis Dale riet ihm daraufhin, den Fluch des Bischofs mit einem Feuerzauber zu bekämpfen.

Das Feuerritual ist der Höhepunkt der Mahlzeiten, die in der *Locanda (März–Okt. tgl. | Tel. 0344 55083 | www.locanda-isola-comacina.com | €€€)* serviert werden. Während Wirt Benvenuto Puricelli Zauberformeln vor sich hinmurmelt, bereitet er aus hochprozentigem Likör und tiefschwarzem Kaffee jenen flambierten Trank zu, der dafür sorgt, dass man von allen bösen Geistern verlassen wird. Ins Gästebuch haben sich viele Berühmtheiten eingetragen, von Konrad Adenauer über Gina Lollobrigida bis zu George Clooney. Boote verkehren ab Sala Comacina.

OSSUCCIO (142 A2) (*J–K5*)

14 Kapellen, die zwischen 1635 und 1714 erbaut und mit 230 Skulpturen der Maestri Comacini verziert wurden, säumen den Aufstieg zur Wallfahrtskirche *Madonna del Soccorso* im 9 km südlich gelegenen Ossuccio. Der rund 1 km lange Pilgerweg bildet ein harmonisches Ensemble mit den sanft abfallenden Hügeln und den jahrhundertealten Olivenbäumen, das zum Unesco-Weltkulturerbe gehört. *www.sacrimonti.net*

PARCO VAL SANAGRA (136 B–C5) (*K3*)

Dem Fluss Sanagra werden heilende Kräfte nachgesagt. Sie haben also einen guten Grund, während der 40-minütigen Wanderung von Piamuro (2 km oberhalb von Menaggio) zur alten Nagelschmiede *Vecchia Chioderia* die Füße abzukühlen. Heute werden hier keine Nägel mehr hergestellt, sondern Forellen und Störe gezüchtet. Serviert werden diese im gleichnamigen *agriturismo (tgl. | Via Molini 3 | Grandola ed Uniti | Tel. 0344 30152 | www.lavecchiachioderia.it | €–€€)*.

INSIDER TIPP VALLE D'INTELVI

(141 E–F 1–2) *(◫ H–J5)*
Die Fahrt vom Comer-See-Dorf Argegno 15 Autominuten südlich von Menaggio durch das Intelvital hinüber an den Luganer See hat es in sich: Vom subtropischen Ambiente des Sees gewinnt man in wenigen Serpentinen an Höhe und fühlt sich bald in alpinem Umfeld, ehe die Straße nach der Zollstation unglaublich steil durch eine enge Schlucht nach Maroggia an den Luganer See führt.

VILLA CARLOTTA ★

(142 B1) *(◫ K5)*
An einem im Schutz des Monte di Tremezzo klimatisch begünstigten Uferstreifen steht 5 km südlich von Menaggio die Villa Carlotta, das bedeutendste der palastartigen Landhäuser am Comer See. Ab 1690 wurde sie für einen Mailänder Marchese errichtet und später klassizistisch umgestaltet. Allein der prachtvolle Garten und seine exotische Vegetation, der sich zur Azaleen- und Rhododendrenblüte im April und Mai in ein Blumenmeer verwandelt, lohnen den Besuch. Innen können Sie den festlichen Marmorsaal mit Gemälden und Skulpturen besichtigen. Auch der Blick über den See ist einmalig. Ein schönes Souvenir gibt es im Geschäft neben dem Eingang: INSIDER TIPP Postkarten mit Pflanzensamen. *Mitte März–Sept. tgl. 9–19.30, Okt. 9.30–18.30 Uhr | www.villacarlotta.it*

In der Villa Carlotta werden die Fenster zum Bilderrahmen für den Seeblick

VARESOTTO

(140 A–C 4–5) *(◫ E–G7)* **Das hügelige Voralpengebiet zwischen dem Lago Maggiore im Westen und dem Comer See im Osten ist eine der wirtschaftlichen Triebfedern Italiens.**

Industrie- und Gewerbebauten prägen das Siedlungsbild, eingebettet in eine wunderbare Landschaft. Berge, Hügel, Seen, Wiesen, Wälder, Täler, Flüsse: Das Varesotto ist ausgesprochen abwechslungsreich. Dank der Wasserkraft der Flüsse wurde die Region früher industrialisiert als andere Gegenden Italiens. Dominierte bis in die 1960er-Jahre die Textilindustrie, so gehören heute Auto-, Motorrad-, Hubschrauber- und Flugzeugzulieferer zu den größten Firmen.

Trotz der starken Industrialisierung und ihrer Bevölkerungsdichte hat die Provinz Varese in einigen Ecken allerschönste Landschaft bewahren können. Der nördliche Teil mit seinen kleinen Seen und der faszinierenden Bergkulisse wird sogar als „Kleinod der Voralpen" bezeichnet.

SEHENSWERTES

INSIDER TIPP CASTIGLIONE OLONA

(140 C5) *(🕮 G8)*

Das am Fluss Olona gelegene Städtchen (8000 Ew.) präsentiert sich wie eine toskanische Enklave in der Lombardei. Während der Renaissance schmückten zahlreiche toskanische Künstler im Auftrag von Kardinal Branda Castiglioni (1359–1443) den Ort mit Kirchen, Palazzi, Statuen und Fresken. Besonders stimmungsvoll ist die Altstadt am ersten Sonntag des Monats, wenn der große *Antiquitätenmarkt* stattfindet. Einen Kontrast zur Renaissance setzt das *Museo Arte Plastica (Di–Sa 9–12 und 15–18, So 10.30–12.30 und 15–18 Uhr | Via Roma 29)*, das sich der zeitgenössischen Kunst aus diesem Material widmet.

INSIDER TIPP COCQUIO TREVISAGO

(140 A3–4) *(🕮 E6)*

Innocente Salvini (1889–1979) gilt als der „Van Gogh von Cocquio Trevisago". In einer alten Mühle in seinem Geburtsort können die Werke des expressionistischen Malers besichtigt werden. *April–Okt. Mi, Sa und So 15–18 Uhr*

SACRO MONTE ★ ●

(140 B–C3) *(🕮 F6)*

Die sieben Hügel und die Seenlandschaft, die Varese umgeben, können Sie am besten vom Sacro Monte genießen. Ein 2 km langer Pilgerweg, gesäumt von 14 Kapellen und zahlreichen Devotionalienläden, führt hinauf auf den heiligen Berg, auf dem die Wallfahrtskirche *Santa Maria del Monte* thront. Es handelt sich um die größte und monumentalste Gestaltung eines Kreuzwegs in Norditalien. Diese entstanden zur Zeit der Gegenreformation als symbolische Abwehr gegen das von Norden her drohende Luthertum.

Heute wird auf dem Sacro Monte auch für das leibliche Wohl gesorgt, etwa im *Ristorante Monforte (Di geschl. | Via del Santuario | Tel. 03 32 22 70 27 | €)*. Für einen längeren Aufenthalt empfiehlt sich das Hotel *Al Borducan (10 Zi. | Via Beata Caterina Moriggi 43 | Tel. 03 32 22 05 67 | www.borducan.com | €€)* im Libertystil mit schönem, aussichtsreichem Park.

Nur eine von insgesamt 14: Kapelle am Sacro Monte di Varese

VARESE (140 C4) *(🕮 F–G7)*
Schon von Weitem sieht man den 77 m hohen Campanile der Basilika *San Vittore*. Der faschistischen Kolossalarchitektur an der Piazza Monte Grappa fiel viel alte Bausubstanz zum Opfer. Das benachbarte Altstadtviertel der Provinzhauptstadt (80 000 Ew.) zeigt sich dagegen durchaus angenehm mit seiner großen Fußgängerzone, die aus dem von Laubengängen flankierten Corso Matteotti, der Piazza Carducci, der Via Carlo Cattaneo und vielen Seitengassen besteht. An Sommertagen flaniert hier die halbe Stadt oder sitzt in den schönen alten Cafés.
Im Gegensatz zu anderen Städten verschmolz Varese während der Industrialisierung nicht mit den Vororten. Zwischen Zentrum und Agglomeration entstanden prächtige Villen mit weitläufigen Parks. Deshalb wird Varese auch *città giardino* (Gartenstadt) genannt. Sehenswert ist etwa der ● *Palazzo Estense* mit schönem Park. Der spätbarocke Bau wirkt wie eine kleine Ausgabe des Wiener Schlosses Schönbrunn. Eine ausgefallene Kunstkollektion trug der Sammler Giuseppe Panza di Biumo in der wunderschönen barocken *Villa Panza (Di–So 10–18 Uhr | Piazza Litta | www.visitfai.it/villapanza)* mit herrlichem Aussichtsgarten zusammen.

ESSEN & TRINKEN

NORDIC GRILL (140 C4) *(🕮 F–G7)*
Cooles Designlokal in einem Innenhof in der Fußgängerzone. Das Repertoire mit Schwerpunkt auf Steaks reicht vom Lachshamburger über Gulasch mit Polenta bis zum Fondue. *Mo geschl. | Via Cattaneo 3 | Varese | Tel. 03 32 28 82 77 | €€*

RISTORANTE TEATRO
(140 C4) *(🕮 F–G7)*
In dem bereits um 1600 erwähnten Lokal kommen Feinschmecker auf ihre Kosten. Dafür sorgt seit über 30 Jahren Küchenchef Mario Mogavero. *Di geschl. | Via C. Croce 3 | Varese |Tel. 03 32 24 11 24 | www.ristoranteteatro.it | €€€*

FREIZEIT & SPORT

Rund um den Lago di Varese führt ein angenehmer, 28 km langer Radweg. Fahrräder kann man beim Lido in Gavirate mieten *(Tel. 34 94 12 53 17)*. Für Basketballfans ist der Besuch eines Heimspiels von Pallacanestro Varese *(www.pallacanestrovarese.it)* Pflicht. Von 1970 bis 1979 erreichte der Verein zehn Mal hintereinander das Finale des Landesmeisterpokals. Nach einigen turbulenten Jahren sind die Rot-Weißen heute wieder eine feste Größe.

ÜBERNACHTEN

ART HOTEL VARESE
(140 C4) *(🕮 F–G7)*
Ein Biohotel mitten in Varese: Die Villa aus dem 18. Jh. in einem schönen Park in der Nähe des Zentrums wurde nach ökologischen Kriterien modernisiert. *26 Zi. | Viale Aguggiari 26 | Tel. 03 32 21 40 00 | www.arthotelvarese.it | €–€€*

B & B IL GIGLIO E LA ROSA
(140 C4) *(🕮 F–G7)*
Rosy und Carmelo Giglio haben in der 1789 erbauten Villa in Varese zwei stilvolle Gästezimmer hergerichtet. Im Park kann man im Schatten uralter Bäume relaxen. Zum Frühstück gibt es ofenfrische Brioches von der nahen Pasticceria. *Viale Borri 192 | Tel. 03 32 26 17 52 / www.ilgiglioelarosa.it | €*

AUSKUNFT

Piazza Libertà 1 | Varese | Tel. 03 32 25 21 11 | www.vareselandoftourism.it

ERLEBNISTOUREN

1 DIE OBERITALIENISCHEN SEEN PERFEKT IM ÜBERBLICK

START: ① Ascona **ZIEL:** ⑲ Locarno	**6 Tage** reine Autofahrzeit ca. 8 Stunden
Strecke: ca. 270 km	

KOSTEN: ca. 1600–2000 Euro/2 Personen (Benzin, Übernachtungen, Eintritte, Schiffs- und Seilbahnfahrten)
MITNEHMEN: Badesachen, Sonnen- und Regenschutz, Wanderschuhe

Erleben Sie die vielfältigen Facetten der Oberitalienischen Seen mit Bade- und Bergstopps, aus der Seilbahngondel und vom Schiffsdeck. Idealer Ausgangspunkt ist der legendäre Ferienort Ascona mit seinen Hotels und Restaurants.

Sie wollen die einzigartigen Facetten dieser Region entdecken? Dann los! Noch einfacher wird es mit der Touren-App: Laden Sie sich die Tour über den QR-Code auf Seite 2/3 oder über die Webadresse in der Fußzeile auf Ihr Smartphone – damit Sie auch offline die perfekte Orientierung haben. Bei Änderungen der Tour ist die App auf dem neuesten Stand und weicht ggf. von den Erlebnistouren im Buch ab. In diesem Fall finden Sie in den Events & News (s. S. 2/3) die neueste Tour als PDF.

TOUREN-APP

→ S. 2/3

Beginnen Sie Ihre Entdeckungstour mit einem Espresso **auf der verkehrsfreien Uferpromenade von 1 Ascona → S. 33**. Anschließend spazieren Sie **durch die Gassen der Altstadt zur Casa Anatta auf den Monte Verità hoch,** die Wiege der Alternativkultur in Europa. **Von dort gelangen Sie auf einer dreistündigen Höhenwanderung ins Dorf 2 Ronco → S. 39, wo eine lange Treppe Sie wieder zum See hinunterführt.** Unten angekommen, setzen Sie mit dem Schiff *(www.navigazionelaghi.it)* zu den **3 Isole di Brissago → S. 38** über. Dort flanieren Sie

Bild: Bellagio an der Gabelung des Comer Sees

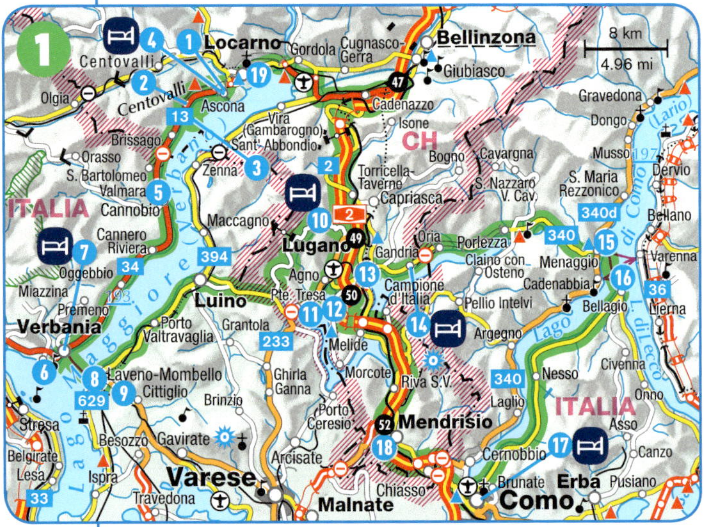

4 km

4 Ascona

TAG 2

17 km

5 Cannobio

23 km

6 Villa Taranto

1 km

7 Intra

TAG 3

6 km

8 Laveno

2 km

9 Sasso del Ferro

durch den verträumten **botanischen Garten** und genießen im **Restaurant** *(April–Okt. tgl. | Tel. 0917914362 | www.isolebrissago.ch | €€)* mediterrane Gerichte. Nachdem Sie mit dem Schiff nach **4 Ascona** zurückgekehrt sind, bietet das **Bagno Pubblico** mit Sandstrand und **Beach Lounge** *(www.beachascona.ch)* den perfekten Rahmen, um sich in Urlaubsstimmung zu versetzen. Verdauen können Sie die Eindrücke beim Abendessen in der **Osteria Nostrana** *(tgl. | Piazza Motta | Tel. 0917915158 | www.ristoranti-ff.ch/nostrana.html | €)* **am Lungolago.**

Auf der Uferstraße SS 34 südwärts fahrend, kommen Sie durch zahlreiche malerische Orte. **5 Cannobio** **→ S. 39** beispielsweise verfügt über einen schönen öffentlichen **Badestrand** *(www.lidocannobio.it)*. Versuchen Sie sich dort doch einmal im Stand-up-Paddling! Pflicht ist am Nachmittag ein Besuch der **6 Villa Taranto** **→ S. 53** **in Pallanza** mit einem der schönsten Parks in Europa. Die Zeit bis zum Abendessen vertreiben Sie sich dann mit einem Bummel durchs Zentrum von **7 Intra** **→ S. 52** und zur Eisdiele **Gelato d'Altri Tempi** *(Via San Fabiano 38)*.

Die Fähre schippert Sie **ans gegenüberliegende Ufer nach 8 Laveno**. Dort bringt Sie die Seilbahn auf den Panoramaberg **9 Sasso del Ferro** **→ S. 41**, wo Ihnen die Welt zu

Füßen liegt. Nach diesem Ausflug in die Berge **fahren Sie am Ostufer entlang bis Luino und von dort am Fluss Tresa entlang ins dicht bewaldete Malcantone**. Für Abendessen und Übernachtung bietet sich – nun sind Sie wieder in der Schweiz – das Gasthaus ⑩ **Il Castagno** *(10 Zi. | Via Cantonale | Tel. 0916114050 | www.ilcastagno.ch | €€)* in Mugena mit Wild- und Kastaniengerichten an.

Das Il Castagno liegt direkt am Kastanienweg, einem Wanderrundweg durchs Malcantone. Lassen Sie sich vom Wirt erklären, wie Sie in wenigen Gehminuten zu den INSIDER TIPP imposantesten Kastanienbäumen der Region gelangen, bevor Sie **auf der Kantonsstraße** ins Tal fahren. Erster Halt: die Schokoladenfabrik ⑪ **Alprose → S. 115 in Caslano,** deren Besichtigung mit einer Degustation endet. Beim anschließenden Besuch des **Hermann-Hesse-Museums** in ⑫ **Montagnola → S. 66** gelangen Sie auf einem thematischen Rundweg auch ins **Grotto Cavicc**, wo sich der Nobelpreisträger bei einem Glas Wein und einer Tessiner Platte die Inspiration für seine Werke zu holen pflegte.

Derart gestärkt, sind Sie gut gerüstet für das nahe ⑬ **Lugano → S. 57**. Die Weltstadt im Taschenformat lädt mit ihrer autofreien Altstadt und schönen Parks zum Bummeln ein. Einen guten Überblick über den Golf von Lugano verschaffen Sie sich bei einer Tretbootfahrt (Verleihstation gegenüber dem Kasino in der Via Stauffacher 1), ehe Sie ins verträumte Fischerdorf ⑭ **Gandria → S. 66** weiterfahren. Nach dem Dorfrundgang lassen Sie bei einem Fischmenü in der **Locanda Gandriese** *(tgl. | Via alla Chiesa 3 | Tel. 0919714181 | www.locanda.com | €)* am Seeufer den Tag Revue passieren und übernachten preiswert und romantisch in einem der neun Gästezimmer.

Über Porlezza erreichen Sie wieder italienischen Boden und am Comer See ⑮ **Menaggio → S. 89** mit seinen ockerfarbenen Renaissancepalazzi, den engen Gassen, der blumengeschmückten Uferpromenade und dem schiefen Kirchturm. Die Autofähre bringt Sie von hier nach ⑯ **Bellagio → S. 76**, den charmanten Ort an der Gabelung der beiden Seearme. In den Parks der **Villa Serbelloni** und der **Villa Melzi** fühlen Sie sich fast wie im Garten Eden. Ein Muss ist anschließend ⑰ **Como → S. 79**, wo Sie in der Altstadt neben dem sehenswerten **Dom** auch zahlreiche Geschäfte finden, die lokale Seidenprodukte feilbieten – eine Krawatte oder ein Halstuch ist ein schönes Souvenir.

TAG 6

15 km

⑱ Foxtown

59 km

⑲ Locarno

Auf dem Rückweg an den Lago Maggiore finden Sie Gelegenheit, sich im Outletcenter ⑱ **Foxtown** **→ S. 73** **in Mendrisio** mit seinen über 160 Geschäften den Kofferraum so richtig vollzupacken. **Über die A 2** gelangen Sie von dort in einer knappen Stunde nach ⑲ **Locarno** **→ S. 44**. Die dortige **Piazza Grande** mit ihren Bars und Cafés bildet eine würdige Kulisse für den Abschluss dieser Tour.

2 VOM LAGO MAGGIORE IN DIE BERGWELT DER CENTOVALLI

START: ① Locarno
ZIEL: ① Locarno

Strecke:
ca. 150 km

2 Tage
reine Fahrzeit
ca. 2 ½ Std. mit der Bahn und 3 Std. auf dem Schiff

KOSTEN: ca. 300 Euro/2 Personen (Bahn, Schiff, Hotel, Eintritte)

ACHTUNG: Das Kombiticket der vier beteiligten Verkehrsunternehmen gibt es als Tages- und Zweitageticket *(www.lagomaggioreexpress.com)*. Die für die Tour sinnvollsten Abfahrtszeiten der Centovalli-Bahn in Locarno sind um 7.49, 8.49 und 10.49 Uhr.

Arme Bergdörfer und mondäne Touristenorte, tiefe Schluchten und verträumte Inseln, verschneite Berggipfel und subtropische Pflanzenpracht: Auf dieser Tour verschmelzen die Kontraste zu einem harmonischen Gesamtbild. Auf den Schienen und auf dem Wasser wird der Weg zum Ziel.

TAG 1

① Locarno

25 km

② Re

8 km

Am Bahnhof in ① **Locarno** **→ S. 44** besteigen Sie den Zug der Centovalli-Bahn. **Auf der 53 km langen Strecke zwischen Locarno und Domodossola** schweift der Blick aus dem Zugfenster über eine gewaltige Landschaft. Die Bahn legt 1100 m Höhenunterschied zurück, schlängelt sich durch enge Schluchten, rollt über 83 Brücken und rattert durch 31 Tunnel. In diesem lebensgefährlichen Gelände waren früher die Schmuggler unterwegs. **In** ② **Re sollten Sie aussteigen,** um die gewaltige **Wallfahrtskirche** aus den 1950er-Jahren zu besichtigen. Ihr neobyzantinisch-gotischer Stil ist grandios, egal ob man diese klotzige Architektur mag oder nicht. Dort wo heute die Kirche steht, war früher eine Kapelle mit einem wundertätigen Marienbild. Wunder von der Madonna erhoffen sich Gläubige noch heute: INSIDER TIPP Fürbitten und Danksagungen pflastern das Sanktuarium.

Nach Re öffnet sich das Tal zu einer weiten Hochebene. Genießer legen in ❸ **Santa Maria Maggiore** einen Stopp ein: *Stinchett*, feines Blätterteiggebäck, *prosciutto*, würziger Schinken, 40 Tage in Salz, Pfeffer, Rosmarin, Lorbeer, Muskat und Zimt eingelegt, oder *pagnotta rotonda*, süßes Roggenbrot mit Feigen, Rosinen und Nüssen, sind örtliche Spezialitäten. Das **Ristorante Le Colonne** *(Mi, im Winter auch Di geschl. | Via Benefattori 7 | Tel. 0 32 49 48 93 | www.ristorantelecolonne.it | €€)* befindet sich **in unmittelbarer Nähe des Kaminfegermuseums Museo dello Spazzacamino** *(März–Mitte Juni und Mitte Sept.–Okt. Sa/So 10–12 und 15–17, Mitte Juni–Mitte Sept. Di–So 10–12 und 15–18 Uhr)*, das an das harte Schicksal der Talbewohner erinnert, die seit dem 16. Jh. zur Auswanderung gezwungen waren und sich als Kaminfeger verdingten.

❸ Santa Maria Maggiore

20 km

Von Santa Maria Maggiore dauert die Fahrt noch 43 Minuten bis nach ❹ **Domodossola**. **Von hier fahren die Anschlusszüge nach ❺ Stresa** → S. 49 am Lago Maggiore. Nach engen Tälern und Armut spürt man am See wieder den Süden und sieht an den Uferpromenaden großen Reichtum. Bei einem Aperitif auf der Terrasse des **Grand Hôtel des Iles Borromées**, wo sich seit über 150 Jahren die Reichen und Schönen erholen, lassen Sie die Eindrücke des Tages Revue passieren. Für die Übernachtung empfiehlt

❹ Domodossola

38 km

❺ Stresa

TAG 2

38 km

6 Cannobio

22 km

1 Locarno

sich das einfache, familiär geführte **Hotel Fiorentino** *(14 Zi. | Via Anna Maria Bolongaro 9 | Tel. 0 32 33 02 54 | www.hotelfiorentino.com | €)* **in der Fußgängerzone.**

Verlassen Sie Stresa nicht ohne INSIDER TIPP *margheritine.* Das typische Mandelgebäck finden Sie u. a. in der **Gigi Bar schräg gegenüber dem Landungssteg der Ausflugsboote. Die Schiffsfahrt zurück nach Locarno dauert rund drei Stunden,** wobei das Auge nie zur Ruhe kommt: Prächtige Villen, malerische Dörfer und stille Buchten ziehen vorbei. Wenn Sie am späten Nachmittag in 6 **Cannobio** → S. 39 eintreffen, lockt ein kulinarischer Zwischenstopp: **In einer kleinen Gasse im Zentrum versteckt sich das Grottino Scurone** *(Mi und außer Sa/So mittags geschl. | Traversa Scurone 7 | Tel. 33 48 34 75 33 | www.scurone.it | €–€€)*: drei Tische, 20 Plätze, ein Kamin. Aufgetischt werden die besten regionalen Schinken, Salami- und Käsesorten. In der 100 m entfernten Bottega kann man die meisten „Schweinereien" auch kaufen.

Bei Ihrem Einkauf sollten Sie allerdings die Zollbestimmungen beachten, denn das Schiff überquert bei Brissago die Grenze zur Schweiz. Zurück in 1 **Locarno** können Sie den Tag im **Lido** mit seinem weitläufigen Wellnessbereich ausklingen lassen. Vom Ruhebecken im Freien genießen Sie eine phantastische Aussicht auf den Lago Maggiore und die umliegenden Berge.

Nur eine von 83: Brücke der Centovalli-Bahn bei Intragna

3 SIEBEN-SEEN-TOUR IM VARESOTTO

START: ① Sesto Calende
ZIEL: ⑬ Ponte Tresa

Strecke:
ca. 60 km plus gut 27 km Radstrecke

2 Tage
reine Autofahrzeit
2–2½ Stunden

KOSTEN: ca. 150 Euro/2 Personen (Benzin, Fahrradmiete, Eintritt, Übernachtung)
MITNEHMEN: Badesachen, Sonnen- und Regenschutz

ACHTUNG: Die ⑤ **Isolino Virginia** ist nur zu den Öffnungszeiten von Museum *(Sa 14–18, So 10–13 und 14–18 Uhr)* und Restaurant *(Sa-Mittag und So-Mittag, Reservierung obligatorisch | €–€€)* zu erreichen. Info und Reservierung: *Tel. 03 32 76 62 68 | www.isolinovirginia.it*
Für die Führung im ⑨ **Birrificio Angelo Poretti** empfiehlt sich eine Reservierung auf *visite.birrificioporetti.it*.

Auf dieser Tour erleben Sie ein blaues Wunder: Die Route führt vom Südende des Lago Maggiore durch das Varesotto an sieben Seen vorbei bis zum westlichen Zipfel des Luganer Sees.

Startpunkt ist in ① Sesto Calende am südlichen Zipfel des Lago Maggiore, wo der Fluss Ticino den See wieder verlässt. Bereits **wenige Autominuten nördlich** können Sie die Seen Nummer zwei und drei auf Ihrer Liste abhaken: den ② **Lago di Comabbio** und den ③ **Lago di Monate**. Im Gegensatz zum Lago Maggiore, der durch einen Gletscher entstanden ist, handelt es sich hier um zwei sogenannte Endmoränenseen mit einer eher geringen Tiefe von lediglich 20 bis 25 m, denen zudem die Zuflüsse aus den Alpen fehlen.

TAG 1
① Sesto Calende
7 km
② Lago di Comabbio
4 km
③ Lago di Monate
6 km

❹ Biandronno
2 km
❺ Isolino Virginia
6 km
❻ Lido di Gavirate
9 km
❼ Cazzago Brabbia
29 km
❽ Varese
TAG 2
5 km
❾ Birrificio Angelo Poretti
6 km

Ebenfalls in der letzten Eiszeit ist der mit einer Fläche von 15 km² größte See des Varesotto entstanden, der **Lago di Varese**. **Im Dorf ❹ Biandronno bietet sich ein Halt an: Mit dem Boot gelangen Sie von hier auf die dem Ufer fast unmittelbar vorgelagerte kleine Insel ❺ Isolino Virginia**, wo ein Museum über die Geschichte der keltischen Pfahlbauer erzählt, die hier einst lebten. Mit ihrem dichten Schilfbewuchs ist sie auch ein Vogelparadies.

Nur wenige Minuten weiter am Nordende des Sees mieten Sie sich nun im **❻ Lido di Gavirate** **→ S. 95** ein Rad (oder ein Tandem!), um den Lago di Varese per *bicicletta* zu umrunden – INSIDER TIPP eine schöne, leicht zu bewältigende *pista ciclabile* **führt auf gut 27 km rund um den See.** Planen Sie dafür drei Stunden ein, denn unterwegs sollten Sie in **❼ Cazzago Brabbia** die **Eiskeller** besichtigen. Dabei handelt es sich um kreisförmige Gebäude aus dem 18. Jh., die tief in die Erde reichen. Im Winter füllte man diese mit Schnee, der festgestampft und mit Heu abgedeckt wurde. So entstand eine Art vormoderner Kühlschrank, in dem der Fischfang aus dem See auch im Sommer frisch gehalten werden konnte.

Sehenswert ist auch die Stadt, die dem See den Namen gibt: **❽ Varese** **→ S. 95** liegt aber nicht am Wasser, sondern ein wenig erhöht auf einem Hügelkamm. Mit ihren Laubengängen rund um den autofreien Corso Matteotti eignet sich die Stadt gut für einen abendlichen Shoppingbummel mit anschließendem Aperitif. Quartieren Sie sich im **Albergo Ristorante Bologna** *(16 Zi. | Via Giuseppe Broggi 7 | Tel. 03 32 23 21 00 | www.albergobologna.it | €)* ein: Dann brauchen Sie für ein vorzügliches und reichhaltiges Abendessen *(Sa geschl.)* das Haus nicht mehr zu verlassen.

Von Varese fahren Sie weiter Richtung Norden in die grüne, urwüchsige **Valganna**. Nicht zu übersehen ist **beim Taleingang am Straßenrand** die 1878 gegründete Bierbrauerei **❾ Birrificio Angelo Poretti**. Das eindrucksvolle Produktionsgebäude im Jugendstil und das dazugehörige Herrenhaus wurden 1901 von den Architekten Georg Friedrich Bihl und Alfred Woltz aus Stuttgart errichtet. Täglich finden zwei anderthalbstündige Führungen statt (Beginn um 10.30 bzw. 15 Uhr).

Auf der Weiterfahrt kommen Sie an einem imposanten Wasserfall vorbei, ehe das Tal allmählich breiter wird und

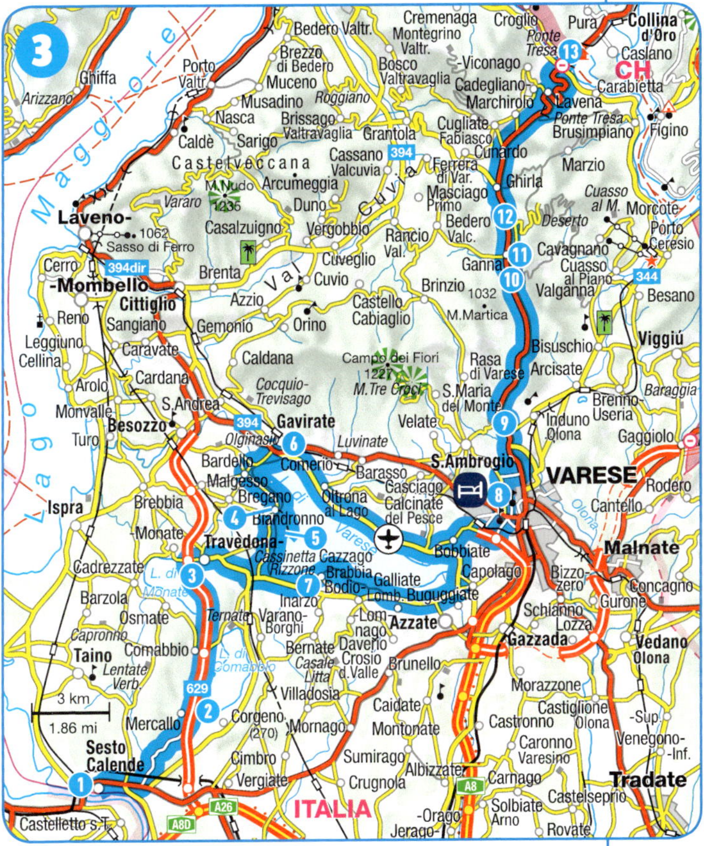

auf einer Hochebene dem unter Naturschutz stehenden ⑩ **Lago di Ganna** Platz macht. Versäumen Sie in ⑪ **Ganna** nicht, einen Blick in die im 12. Jh. gegründete Abtei **San Gemolo** *(www.badiadiganna.org)* zu werfen. Empfehlenswert ist anschließend ein Halt im **Ristorante Tre Risotti** *(Di geschl. | Via Roma 3 | Tel. 0332719772 | www.trerisottialbergo.it | €€)* – drei Mal dürfen Sie raten, was die Spezialität des Hauses ist. Vorletzter See der Tour ist der im Winter oft zugefrorene ⑫ **Lago di Ghirla** – 1914 fanden hier die ersten italienischen Meisterschaften im Eisschnelllauf statt. **Über Marchirolo** geht es dann weiter ins Grenzstädtchen ⑬ **Ponte Tresa** → S. 68 am **Luganer See** – womit Sie den siebten See auf dieser Fahrt erreicht haben.

⑩ Lago di Ganna

1 km

⑪ Ganna

3 km

⑫ Lago di Ghirla

8 km

⑬ Ponte Tresa

4 AM, AUF UND ÜBER DEM LUGANER SEE

START: ① Lugano-Paradiso
ZIEL: ① Lugano-Paradiso

1 Tag
reine Wanderzeit
ca. 4 Stunden

Strecke: 11 km
Schwierigkeitsgrad: leicht

KOSTEN: ca. 160 Euro/2 Personen (Bergfahrt, Eintritte, Mittagessen, Schiffsfahrt)

MITNEHMEN: feste Schuhe, Sonnen- und Regenschutz, Wasser, Badesachen, App „SBB" für die Fahrzeiten der öffentlichen Verkehrsmittel aufs Smartphone laden

ACHTUNG: Je nach Jahres- und Uhrzeit können Sie ab ④ Morcote statt mit dem Schiff auch mit dem Postauto nach Melide und von dort weiter mit der Bahn zurückfahren.

Diese einfache und zugleich abwechslungsreiche Wanderung führt von Lugano nach Morcote. Und dank der Rückfahrt per Schiff gewinnen Sie Zeit, die Sie für Verschnaufpausen in Grotti, Parks und im Schwimmbad nutzen können.

① Lugano-Paradiso
2 km
② Monte San Salvatore
4 km
③ Carona
6 km

09:00 Nehmen Sie **die erste Standseilbahn** → S. 59, die Sie von ① **Lugano-Paradiso** in zwölf Minuten hoch auf den 912 m hohen ② **Monte San Salvatore** → S. 59 bringt. Das Panorama auf die Stadt, den See und die Alpen ist umwerfend. Kein Wunder, dass Jesus auf dem Weg in den Himmel hier eine Rast machte, um einen letzten Blick auf das irdische Paradies zu werfen – diese und weitere Anekdoten erfahren Sie im **Museum im kleinen Gipfelhospiz.** Vor dem Abstieg **umrunden Sie noch den Gipfel auf einem 2 km kurzen Fauna-und-Flora-Lehrpfad**.

Dann führt Sie der gut ausgeschilderte Weg hinunter nach Morcote durch üppige Vegetation und Kastanienwald. **Nach anderthalb Stunden erreichen Sie das malerische Dorf** ③ **Carona** → S. 65 mit seinen sechs Kirchen und Kapellen. Nehmen Sie sich die Zeit, beim Dorfeingang auf das nächste Postauto zu warten. **INSIDER TIPP** Es ist nämlich ein Spektakel, zu beobachten, wie der Fahrer den Bus millimetergenau durch das enge Dorftor manövriert. Vertreiben Sie sich die Wartezeit mit einem Blick in die Pfarrkirche **San Giorgio** und staunen Sie dort über das Fresko „Das Jüngste Gericht" aus dem 15. Jh. von Domenico Pezzi.

12:30 Wenn das Wetter danach ist, können Sie sich nun im **Schwimmbad** mit 10-m-Sprungturm abkühlen. Danach dürfen Sie sich auf die Einkehr im **Ristorante San Grato** *(Di geschl. | Via San Grato | Tel. 09 16 49 70 21 | €)* freuen, das mitten in einem Meer aus Rhododendren und Azaleen liegt und Ihnen neben hausgemachten Pastaspezialitäten eine wunderbare Aussicht bietet. **Über die Alpe Vicania führt der Weg anschließend Richtung Morcote an den See hinunter.** Auf rund 1200 Treppenstufen geht es mit phantastischen Tiefblicken auf den Lago di Lugano bergab.

16:00 In **4 Morcote** **→ S. 67** angelangt, entspannen Sie sich im einzigartigen Hanggarten **Parco Scherrer** mit seinen malerischen Lauben und orientalischer Kunst. Wunderbar erholsam ist schließlich auch die gut halbstündige Fahrt mit dem Schiff zurück nach **1 Lugano-Paradiso** – genießen Sie diese Minikreuzfahrt durch den südlichen Arm des Luganer Sees und lassen Sie sich im Idealfall von einer sanften Seebrise in der Abendsonne streicheln.

4 Morcote
12 km
1 Lugano-Paradiso

Im rhododendronumwucherten Ristorante San Grato stärken Sie sich bei phantastischer Aussicht

SPORT & WELLNESS

Das Gebiet der Oberitalienischen Seen bietet allen, denen der Sinn nach mehr als einem Spaziergang auf der Uferpromenade steht, eine Fülle an Möglichkeiten, sich zu verausgaben.
Ob Sie dabei auf dem Surfbrett über den Comer See zischen oder die gemütliche Kammwanderung mit grandiosem Seeblick vorziehen: Gemeinsam ist allen Aktivitäten, dass Sie sie hier in spektakulärer Landschaft ausüben.

ANGELN

In Italien müssen Angler 16 Euro auslegen: Die Quittung des in Postämtern erhältlichen Einzahlungsscheins gilt als Lizenz. Im Tessin benötigen Sie einen Angelschein, das Angeln in Bergseen ist besonders reglementiert (im Rathaus oder bei den Fremdenverkehrsämtern nachfragen).

BERGSTEIGEN

Der Resegone und die Grignegruppe im Hinterland des Comer Sees sind ideale Ziele für Alpinisten. Auskunft erteilt der italienische Alpenverein *CAI (Via Papa Giovanni XXIII 11 | Tel. 03 41 36 35 88 | www.cai.lecco.it)* in Lecco. Auf dem Monte San Salvatore über dem Luganer See ist ein anspruchsvoller Klettersteig angelegt, nordöstlich davon lockt Kletterer die Herausforderung der INSIDER TIPP *Denti della Vecchia,* eine Reihe von Felszähnen. Ein Paradies für Alpinisten sind der geplante Nationalpark in der Region Locar-

Bild: Mountainbikerin am Comer See

Aktiv mit Bergblick und Seesicht: Die Seen und die nahen Berge sorgen für ein überaus breit gefächertes Sportangebot

no *(www.parconazionale.ch)* und der Nationalpark INSIDER TIPP *Val Grande (www.parcovalgrande.it)* im Hinterland von Verbania am Lago Maggiore Aber Vorsicht: Dieses unwegsame Gebiet birgt viele Risiken!

CANYONING

Die kristallklaren Bergflüsse bieten sich im Sommer für Canyoningtouren geradezu an. Ein renommierter Organisator im Tessin ist die *Swiss Challenge GmbH (Tel. 0763252882 | ticinoadventures.com)*. Am Comer See ist der *Jungle Raider Park (Tel. 031963651 | www.jungleraiderpark.com)* in Civenna eine gute Anlaufstelle.

GOLF

Von Ascona bis Como, von Lugano bis Verbania: An den Seen erstrecken sich Dutzende Golfanlagen. Eine kleine Auswahl: *Golf Gerre Losone (130, Sa/So 150 Franken | Tel. 0917851090 | www.golflosone.ch)* liegt am Fluss Melezza.

Einer der ältesten Golfclubs Europas, der *Menaggio & Cadenabbia Golf Club (65, Sa/So 85 Euro | Tel. 03 44 32 13 03 | www.menaggio.it)* in traumhafter Lage am Comer See, feierte 2007 sein 100-jähriges Bestehen. 15 Autominuten von Lugano direkt am See in Magliaso liegt der Platz des *Golfclubs Lugano (110, Sa/So 130 CHF | Tel. 09 16 06 15 57 | www.golflugano.ch)*. Bequem zu erreichen ist am Lago di Mergozzo der *Golf & Sporting Club Verbania (35, Sa/So 45 Euro | Tel. 0 32 38 08 00 | www.golfverbania.it)* an der SS 34 in Verbania-Fondotoce.

KITEN, SEGELN & SURFEN

Hervorragende Windverhältnisse für Segler, Surfer und Kitesurfer herrschen vor allem am Comer See. Ihr Treffpunkt ist INSIDER TIPP *Domaso (Kite4you | www.kite4you.ch/boardersclub-domaso)* knapp 20 km nördlich von Menaggio. Beliebt sind auch *Gera Lario (Tabo Surf | www.tabosurf.com)* oder *Colico (KTS 40 | www.kts40.com)*. Einsteiger fühlen sich am Lago Maggiore wohl. Am bekanntesten ist die Windsurfschule *La Darsena (www.ladarsenawindsurf.com)* in *Pino del Lago Maggiore*. Segelschulen gibt es u. a. in *Cerro (Centro Vela | www.centrovela.it)* bei Laveno. Tretboote, Kanus und Motorboote können an größeren Stränden an allen Seen gemietet werden.

PARAGLIDING

Auf der italienischen Seite des Lago Maggiore ist der *Delta Club Laveno (Tel. 0 34 93 14 82 09 | www.deltaclublaveno.it)* in Laveno-Mombello zu empfehlen. Ein beliebter Ausgangspunkt ist der Sasso del Ferro.

RADFAHREN & MOUNTAINBIKING

Sie werden sehr vielen Radlern begegnen, meist auf schnittigen Rennrädern. Radwege für gemächliche Tourenfahrer

Der Nordzipfel des Comer Sees zwischen Colico und Domaso ist das bevorzugte Ziel der Kitesurfer

sind dagegen Mangelware. Entlang der Seen führt eine oft schmale, stark befahrene Straße. Schöne Touren sind im Hinterland der Seen möglich. Ein ideales Gebiet zum Radfahren ist der ebene Parco del Ticino im Süden des Lago Maggiore. Die Tourismusbüros in den meisten Gemeinden haben Radtouren zusammengestellt.

Wer ein bisschen Kondition mitbringt, kommt zu phantastischen Veloerlebnissen und rauschenden Abfahrten mit dem Mountainbike. Am Comer See organisiert *Bike it Bellagio (www.bikeitbellagio.com)* Touren und natürlich haben Sie auch eine große Auswahl an Fahrradtypen. Mit einer Gesamtlänge von 300 km weist die Umgebung von Lugano das dichteste Netz an Mountainbiketrails der Schweiz auf. Beliebt ist u. a. die Höhenroute, die in vier Etappen von Lugano über den Monte Brè, den Monte Bar und den Monte Tamaro nach Ponte Tresa führt. Auf der 120 km langen Strecke werden gut 4400 Höhenmeter überwunden. In Mode gekommen sind auch Ausflüge mit E-Bikes. Über ein weit verzweigtes Mietstellennetz verfügt der *E-Bike-Park (www.e-bike-park.ch)* im Tessin. Dank der Unterstützung durch die Batterie kommen Sie ohne großen Kraftaufwand auf fast jeden Berg.

REITEN

Es gibt zahlreiche Reitställe, die für Anfänger wie Könner Kurse und Ausritte organisieren. Allein in der Provinz Como finden sich mehr als 30 Reitställe, vor allem in der hügeligen Brianza. Auskunft über Reitställe erteilt die Touristeninformation in Como bzw. Varese. Ein großes Reitzentrum liegt südöstlich von Como in *Capiago Intimiano*: *Circolo Ippico Il Grillo | Via Chigollo 7 | Tel. 0 31 46 22 19 | www.grillocomo.com*

SCHWIMMEN

Die Auswahl ist groß: An den Seen finden Sie kleine Buchten, kurze Strandabschnitte und gelegentlich öffentliche – oft nicht eben preiswerte – Bäder. Viele Uferabschnitte sind aber verbaut, sodass ein Zugang zum See nicht überall möglich ist. Im Gambarogno am Nordostufer des Lago Maggiore ist es eher still, auf der gegenüberliegenden Seite geht es dagegen in der Hochsaison ziemlich turbulent zu. Die Wasserqualität hat sich in den vergangenen Jahren vielerorts enorm verbessert. Selbst der Luganer See mit seinem sehr geringen Wasseraustausch erholte sich. An Strandkiosken und in Touristenbüros hängen Informationen mit aktuellen Informationen zur Wasserqualität. Warnungen sollten unbedingt beachtet werden.

WANDERN

Es gibt rings um die Seen wunderbare Wanderrouten, die häufig einfach begehbar und auch gut ausgeschildert sind. So können Sie zum Beispiel das Westufer des Comer Sees zu Fuß auf der *Via dei Monti Lariani* erkunden, 130 km zwischen Cernobbio und Sorico (auch Teilstrecken möglich). Oder die Route auf dem *Dorsale del Triangolo Lariano:* in zwei Tagen von Como nach Bellagio. Ebenso schöne Routen gibt es am Lago Maggiore. Die *Strada Alta del Verbano* führt von Ghiffa nach Cannobio und ist einfach begehbar.

WELLNESS

Mit den Termali Salini & Spa in Locarno *(www.lidospa-locarno.ch)* und dem Splash & Spa Tamaro *(www.splashespa.ch)* am Monte Tamaro gibt es mittlerweile zwei gute Alternativen zu den Wellnessangeboten der Fünfsternehotels.

MIT KINDERN UNTERWEGS

Die Seen mit ihren vielfältigen Bade- und Ausflugsmöglichkeiten bieten für einen Familienurlaub gute Voraussetzungen. Dazu gibt es noch eine ganze Reihe von Attraktionen, die auf Kinder und Jugendliche zugeschnitten sind – und bei denen sich auch Erwachsene nicht langweilen.

LAGO MAGGIORE

CARDADA BEI LOCARNO ●

(134 B4) (*⊞ F2*)

Für Erwachsene gibt es auf Locarnos Hausberg Fußreflexzonenpfade, für Kinder einen 1200 m langen Spazierweg, an dem sich ein Spielgerät ans nächste reiht. Ein Erlebnis für die ganze Familie ist der Gang hinaus auf den Aussichtssteg, von dem man eine spektakuläre Rundsicht hat. *Kernzeit tgl. 9.15–18.15, Juni–Aug. 7.45–19.45 Uhr | 28 Franken, Kinder (6–16 Jahre) 14 Franken | Standseilbahn Locarno–Orselina, dann Luftseilbahn Orselina–Cardada | www.cardada.ch*

FALCONERIA BEI LOCARNO

(134 B4) (*⊞ F3*)

Pio Nesa lässt in Locarno die Tradition der Falknerei aufleben. Seine Greifvogelschau ist einzigartig: Die Falken, Adler, Bussarde, Geier und Eulen fliegen nur wenige Zentimeter über die Köpfe der Zuschauer hinweg. Dank einer überdachten Tribüne finden die Shows auch bei schlechtem Wetter statt. *Mitte März–Nov., Flugvorführungen Di–So, Juli/Aug. tgl. 11 und 15 Uhr | 25 Franken, Kinder 18 Fran-*

Schmuggler, Schluchten, Schokolade: Rund um die Seen gibt es zahlreiche Attraktionen, die Kinderaugen zum Glänzen bringen

ken | Via delle Scuole 12 | www.falconeria.ch

LAGO MAGGIORE ADVENTURE PARK IN BAVENO (139 D2) (*🗺 C6*)
Kletterpark, Biketrails, Beachvolleyball- und Fußballplätze, dazu Wasserrutschen und Schwimmbecken: Sportfans finden im Abenteuerpark in Baveno kurz vor der Autobahnauffahrt Stresa das volle Programm. *April/Mai und Sept. Sa/So 10–17, Juni–Aug. tgl. 10–18 Uhr | 25 Euro (Adventure und Aqua Park), Kinder (4–9 Jahre) 17 Euro | Strada Cavalli 18 | www.aquadventurepark.com*

LIDO DI LOCARNO (134 B–C4) (*🗺 F3*)
Das schöne, moderne Hallen- und Freibad mit zahlreichen Becken, Rutschbahnen und Kursen bietet sich auch als Schlechtwetteralternative an: Dank Thermalbecken ist es selbst an kalten Tagen attraktiv. *Tgl. 8.30–21 Uhr | 13 (mit Rutschen 18) Franken, Kinder 7 bzw. 11 Franken | Via Gioacchino Respini 11 | www.lidolocarno.ch*

PARCO DEI LAGONI IN MERCURAGO BEI ARONA

(139 E5) *(🕮 D8)*

Dieser Naturpark am Lago Maggiore ist sehr abwechslungsreich. Kein Wunder, dass Familien mit Kindern zu seinen häufigsten Besuchern zählen. Sümpfe und Teiche bilden den Mittelpunkt des Parks. Voralpine Tierarten und eine Vielzahl von Vögeln sind hier zu beobachten. Am Wasser halten sich Stockenten, Eisvögel und Teichhühner auf. Ein landwirtschaftlicher Lehrpfad bezeugt die lange Tradition der Pferdezucht in diesem Gebiet. Rund 20 Seitenwege führen zu einzelnen Höfen. Die Lagoni sind bequem erreichbar (Autobahnausfahrt Arona).

SAFARI PARK BEI POMBIA (0) *(🕮 0)*

Mit dem eigenen Auto oder einem Bus fährt man an Tigern, Löwen, Nashörnern, Zebras und vielen weiteren Tieren vorbei. Dazu gibt es ein kleines Reptilienhaus, einen „Jurassic Park" mit Dinosauriermodellen sowie einen Vergnügungspark mit Wildwasserbahn und Riesenschaukel. *Mitte März–Mitte Okt. tgl. 10–18 (April–Sept. bis 19), Weihnachten–Mitte März Sa/So 10–18 Uhr | 18 Euro, Kinder (4–13 Jahre) 13 Euro | Strada Statale 32 14 km südl. von Sesto Calende | www.safaripark.it*

Sie wollen, dass auch die Kids mal einen Museumsbesuch so richtig cool finden? Ab ins Volandia!

VOLANDIA AM FLUGHAFEN MILANO-MALPENSA (0) *(🕮 0)*

Heißluftballons, Flugzeuge, Helikopter, Drohnen: In diesem Freizeitpark dreht sich alles ums Fliegen. Am Simulator können Kids den Landeanflug auf den Flughafen Malpensa durchführen. Während der Eintritt ins Volandia 11 Euro kostet, kann das angeschlossene Verkehrsmuseum *Collezione Ogliari* gratis besichtigt werden. Von der Pferdekutsche über Lokomotiven bis hin zum Raumschiff zeigt die Sammlung so ziemlich alles, was sich fortbewegt. *Stark gestaffelte Zeiten, oft Di–So 10–19, Sa/So 10–19.30 Uhr | 11 Euro, Kinder 8 Euro | Via per Tornavento 15 | www.volandia.it*

LUGANER SEE

MUSEO DOGANALE SVIZZERO IN CANTINE DI GANDRIA (141 E1) (*H5*)

Abenteuerliche Geschichten von Schmuggel und Schmugglern erzählt das Zollmuseum in Cantine di Gandria. Neben alten Grenzsteinen, Uniformen und sichergestellten Waffen werden auch die Tricks illegaler Grenzgänger gezeigt: zum Beispiel ein selbst gebautes, kleines U-Boot, mit dem Salami geschmuggelt werden sollte. INSIDER TIPP Computerspiele führen in die moderne Grenzüberwachung im Kampf gegen Rauschgiftschmuggler und Dokumentenfälscher ein. *Mitte März –Mitte Okt. tgl. 13–17 Uhr | 5 Franken, Kinder (6–16 Jahre) 2,50 Franken | nur mit dem Schiff ab Lugano erreichbar*

SCHOKOLAND ALPROSE (140 C1–2) (*G5*)

In Caslano an der Straße zwischen Agno und Ponte Tresa öffnet die Schokoladenfabrik Alprose ihre Tore für Besucher. Ein Teil des Betriebs ist zum Schokoladenmuseum geworden. Eine süße Versuchung nicht nur für Kinder. *Tgl. 9–17 Uhr | 3 Franken, Kinder (6–16 Jahre) 1 Franken | Via Rompada 36 | www.alprose.ch*

SPLASH & SPA TAMARO (135 D5) (*G3*)

Der Aquapark in Rivera 10 km nördlich von Lugano ist mehr als bloß ein Schlechtwettertipp. Turbo- und Trichterrutschen, künstliche Wellen zum Surfen und Lagunen, in denen tropische Regenstürme simuliert werden, versprechen unvergessliche Erlebnisse. *Mo–Fr 10–22, Sa/So 9–22 Uhr | 4 Std. 35 Franken, Kinder (6–16 Jahre) 25 Franken | Autobahnausfahrt Rivera | www.splashespa.ch*

SWISSMINIATUR MELIDE (141 D2) (*G5*)

Verschneite Gipfel, Burgen, Kirchen, typische Gebäude, Bahnen, Dampfschiffe – alles, was zum Bild der Schweiz gehört, ist hier versammelt. Die gut 120 Modelle sind detailgetreu im Maßstab 1:25 nachgebildet. Eine 3560 m lange Modellbahn mit 18 Zügen schlängelt sich durch den Park. Kurios: Die Forellen im Teich sind größer als die Mini-Rheinschiffe ... *Mitte März–Okt. tgl. 9–18 Uhr | 19 Franken, Kinder (6–15 Jahre) 12 Franken, verbilligte Onlinetarife | www.swissminiatur.ch*

COMER SEE

MUSEO DEL CAVALLO GIOCATTOLO IN GRANDATE (141 E5) (*H7*)

Das riesige Schaukelpferd aus dem „Pinocchio"-Film von Roberto Benigni ist hier unweit der Autobahnausfahrt Como Sud zu sehen – und mit ihm mehr als 500 weitere aus aller Welt. *Di–Fr 15–18, Sa 10–13 und 15–19 Uhr | Eintritt frei | Via Tornese 10 | www.museodelcavallogiocattolo.it*

INSIDER TIPP ORRIDO IN BELLANO (136 C6) (*L4*)

Wildromantisch und ein bisschen gruselig: In Jahrtausenden grub der Fluss Pioverna in den Kalkfelsen eine tiefe Schlucht. Tosend braust das Wasser durch Engpässe, stürzt ungestüm in die Tiefe. Schmale Stege entlang glatter Felswände führen zu dem gewaltigen Naturspektakel. *Stark gestaffelte Zeiten s. Website | 4 Euro, Kinder bis 11 Jahre 3,50 Euro | www.turismobellano.it*

EVENTS, FESTE & MEHR

EVENTS & NEWS

→ S. 2/3

FESTE & VERANSTALTUNGEN

JANUAR/FEBRUAR

In Como und in der Brianza wird am letzten Wochenende im Januar der Winter vertrieben und beim ***Rogo della Giubana*** eine riesige Puppe verbrannt.

Karneval wird auf vielen Straßen und Plätzen der Seenregion gefeiert. Eine lange Tradition hat er im abgelegenen Schignano oberhalb des Comer Sees, große Umzüge gibt es in Lecco sowie im Tessin (Bellinzona). Viele Dörfer laden zu den *risottate,* Risottofesten.

MÄRZ/APRIL

San Giuseppe: Im Tessin wird am Josefstag, dem 19. März, an zahlreichen Orten der Frühling mit Festen begrüßt.

Eine spektakuläre ***Osterprozession*** findet in Mendrisio statt.

Blumenfeste gibt es am Lago Maggiore und am Ortasee.

MAI

Palio in Mendrisio: ein lustiges Eselrennen meist Ende des Monats

JUNI

Festival di Musica Antica auf der Insel San Giulio im Ortasee

Während der letzten Juniwoche internationales ***Jazzfestival*** (Blues und klassischer Jazz) in Ascona

Auf der Isola Comacina im Comer See wird am 24. Juni zu Ehren von ***Johannes dem Täufer*** ein großes Fest gefeiert.

JULI

In Baveno findet ein Opernworkshop mit Aufführungen und Konzerten statt, das ***Festival Umberto Giordano.***

Jazzfestivals gibt es in Lugano und Pallanza.

Zehntausende Fans pilgern zur zehntägigen Konzertreihe ***Moon & Stars*** *(www.moonandstarslocarno.ch),* wenn in Locarno auf der ● Piazza Grande die Stars rocken.

An den ersten drei Samstagen des Monats spielen Musikgruppen in den ***Notti di Note*** auf zahlreichen Plätzen von Intra, an Donnerstagen im benachbarten Suna.

In Bellagio ruft das ***Festival di Bellagio e del Lago di Como*** zu vier Kulturwochen mit Theater, Musik und Ausstellungen.

AUGUST

Am 1. Aug., dem Schweizer Nationalfeiertag, gibt es in Locarno und Ascona über dem Lago Maggiore eindrucksvolle ***Feuerwerksspektakel.***

Locarno Festival: Lassen Sie sich das einmalige Ambiente beim sommerlichen ★ Freiluftkino auf der pittoresken ● Piazza Grande im Rahmen des Filmfestivals nicht entgehen!

AUGUST/SEPTEMBER

Settimane Musicali di Stresa: Die renommierten klassischen Musikwochen finden außer in Stresa selbst auch auf den Borromäischen Inseln, in Verbania und Arona statt.

SEPTEMBER/OKTOBER

In Monza vor den Toren Mailands wird auf dem Autodromo Nazionale der ***Große Preis von Italien*** in der Formel 1 ausgetragen.
Beim ***Corso Fiorito*** in Pallanza am Lago Maggiore ziehen blumengeschmückte Wagen durch den Ort.
Geruhsamer, aber sehr gesellig geht es auf den vielen ***Wein- und Kastanienfesten*** zu.

DEZEMBER

Zur Weihnachtszeit werden in vielen Dörfern liebevoll gestaltete ***Krippen*** aufgestellt. Besonders lohnend ist ein Besuch INSIDER TIPP in der Gemeinde Vira im Gambarogno.

FEIERTAGE

1. Jan.	*Capodanno*
6. Jan.	*Epifania*
19. März	*San Giuseppe* (St. Josef, nur Tessin)
März/April	*Lunedì di Pasqua* (Ostermontag)
25. April	*Liberazione* (Tag der Befreiung, nur Italien)
1. Mai	*Festa del Lavoro*
Mai/Juni	*Ascensione* (Christi Himmelfahrt), *Lunedì di Pentecoste* (Pfingstmontag) und *Corpus Domini* (Fronleichnam, alle drei nur Tessin)
2. Juni	*Festa della Repubblica* (nur Italien)
29. Juni	*Santi Pietro e Paolo* (Peter und Paul, nur Tessin)
1. Aug.	*Festa Nazionale* (Nationalfeiertag, nur Tessin)
15. Aug.	*Ferragosto* (Mariä Himmelfahrt)
1. Nov.	*Ognissanti*
8. Dez.	*Immacolata Concezione* (Mariä Empfägnis)
25. Dez.	*Natale*
26. Dez.	*Santo Stefano*

LINKS, BLOGS, APPS & CO.

LINKS & BLOGS

tisalutoticino.blogspot.ch Die Elsässerin Sabine Neu reist oft und gerne an den Lago Maggiore. In ihrem Blog berichtet sie vor allem über kulinarische Erlebnisse. Eine Fundgrube mit Restauranttipps und Rezepten!

short.travel/ois1 Wo kann man sich einen Angelschein besorgen? In welchem Grotto gibt es eine Bocciabahn? Ist die Mülltrennung obligatorisch? Antworten auf solche urlaubspraktischen Fragen und dazu eine große Auswahl an Unterkünften und Ausflugstipps rund um den Comer See finden Sie auf dieser Website

www.lonelyplanet.com/thorntree Viele Hundert interessante Fragen und Antworten finden Sie in der Lonely-Planet-Community, wenn Sie z. B. „Lake Como“ oder „Lago Maggiore“ eingeben

www.comer-see-italien.com Tourenvorschläge, Bus- und Schiffsfahrpläne, Badeplätze und vieles mehr rund um den Urlaub am Comer See

www.ticinoweekend.ch Journalisten der Tessiner Zeitung präsentieren wöchentlich neue Ausflugstipps und Veranstaltungen und vermitteln Hintergrundwissen zu Traditionen und Sehenswürdigkeiten

www.reisefuehrer-comersee.de Übersichtlicher Reiseführer, geordnet nach Ortschaften. Zu jedem Dorf erfahren Sie Wissenswertes zu Geschichte und Sehenswürdigkeiten. Dazu gibt es ein großes Angebot an Ferienwohnungen

www.marcopolo.de/oberitalien-seen Ihr Online-Reiseführer mit allen wichtigen Informationen, Highlights und Tipps, interaktivem Routenplaner, spannenden News und Reportagen sowie inspirierenden Fotogalerien

www.lakecomofoodtours.com Originelle Touren, ob zu Fuß, auf dem Fahrrad oder mit dem Schiff – und natürlich mit zahlreichen kulinarischen Zwischenstopps

Egal, ob für Ihre Reisevorbereitung oder vor Ort: Diese Adressen bereichern Ihren Urlaub. Da manche sehr lang sind, führt Sie der short.travel-Code direkt auf die beschriebenen Websites. Falls bei der Eingabe der Codes eine Fehlermeldung erscheint, könnte das an Ihren Einstellungen zum anonymen Surfen liegen

www.saporiticino.ch Tessiner Spitzenköche laden jedes Jahr im Frühling Küchenchefs aus anderen Ländern zum Gourmetfestival Sapori Ticino ein und kreieren gemeinsam Menüs. Die Rezepte findet man auf der Website

blog.comolake.com Das automatische Übersetzungsprogramm dieses Blogs ist zwar nicht über alle Zweifel erhaben. Dennoch erfährt man viel Wissenswertes rund um den Comer See, von Rezepten lokaler Gerichte bis zu Ausflugstipps und Veranstaltungen

VIDEOS & MUSIK

www.youtube.com/user/LaghiTv Hier können Sie sich anhand von wunderbaren Bildern auf Ihre Reise an den Lago Maggiore oder Ortasee einstimmen

short.travel/pie2 Der Lago Maggiore bei Verbania aus der Vogelperspektive: Ein Paraglider filmt seinen Flug

www.youtube.com/user/TicinoTurismo Videoclips von den schönsten Ecken und Sehenswürdigkeiten des Tessins

APPS

VisitTicino Zu den wichtigsten Inhalten dieser App zählen die Drei-Tage-Wetterprognosen, Informationen über Unterkünfte, Aktivitäten und Veranstaltungen sowie eine Kartenansicht mit einer „Around me"-Funktion

LugaNow Mit dem Smartphone die Zeit in Lugano zurückdrehen oder in die Zukunft schauen: Die App lässt beim Blick durch die Handykamera ausgewählte Gebäude und Straßenzüge so erscheinen, wie sie früher waren oder gemäß Planung künftig aussehen sollen

HikeTicino Die innovative App liefert Informationen zu über 100 Wanderungen, zu Unterkünften, Attraktionen, Veranstaltungen und Restaurants. Bei einigen Wanderungen zeigen Drohnenvideos die Umgebung aus verschiedenen Perspektiven

Lago Maggiore, Lago Lugano, Lago Como Street Map Mit dieser Landkarte auf Ihrem I-Phone finden Sie sich auch dann zurecht, wenn Sie keine Wi-Fi-Verbindung haben – und tappen überdies nicht in die Roamingfalle

PRAKTISCHE HINWEISE

ANREISE

Der Hauptverkehrsstrom fließt von Basel bzw. Zürich über die Schweizer Autobahn A 2 durch den Gotthardtunnel ins Tessin und weiter nach Como. Weniger stauanfällig und deshalb als Alternativstrecke nicht nur aus dem österreichischen, bayrischen und ostdeutschen Raum zu empfehlen ist die Strecke über die A 13 durch den San-Bernardino-Tunnel. Der Comer See ist auch auf Landstraßen über den Splügen- oder Majolapass zu erreichen. Von Osten führt die italienische Autobahn A 4 von Verona (A 22 vom Brenner) ins Gebiet der Oberitalienischen Seen.

Bahnverbindungen aus Deutschland führen über Basel, Zürich oder Chur nach Bellinzona (hier umsteigen nach Locarno), Lugano, Como und Mailand. Von Basel aus erreicht man auch ohne umzusteigen Domodossola, Stresa, Arona und Mailand. Von München oder Österreich aus fährt man am einfachsten über Verona nach Mailand bzw. Como. *www.bahn.de, www.trenitalia.com, www.sbb.ch*

Auch mit dem Fernbus *(meinfernbus.de)* gelangt man ins Gebiet der Oberitalienischen Seen. Lugano, Como und Mailand werden von verschiedenen deutschen Städten aus angefahren.

Der wichtigste Flughafen für die Region der Oberitalienischen Seen ist Mailand-Malpensa *(www.milanomalpensa-airport.com)*. Er befindet sich weit außerhalb der Metropole unweit vom südlichen Ende des Lago Maggiore. Arona und Intra sind mit dem Linienbus erreichbar. Ins Tessin (Mendrisio und Lugano) und nach Varese verkehren private Shuttlebusse *(www.malpensa-express.com, www.varese-malpensa.it)*. Die S-Bahn-Linie S 40 *(www.tilo.ch)* verbindet Como über Mendrisio und Varese mit den Terminals 1 und 2. Oder Sie fahren von Malpensa nach Mailand: Vom Bahnhof Milano Centrale gibt es direkte Verbindungen nach Como, Lugano oder Lecco. Nicht weit vom östlichen Ende des Comer Sees befindet sich der Bergamos Flughafen Orio al Serio *(www.orioaeroporto.it)*, der vor allem von Billigfluglinien angeflogen wird. Von dort geht es per Bus nach Mailand oder per Zug über Bergamo nach Lecco. Der Flughafen Lugano-Agno *(www.lugano-airport.ch)* wird von Deutschland via Zürich angeflogen.

GRÜN & FAIR REISEN

Auf Reisen können auch Sie viel bewirken. Behalten Sie nicht nur die CO_2-Bilanz für Hin- und Rückreise im Hinterkopf *(www.atmosfair.de; de.myclimate.org)* – etwa indem Sie Ihre Route umweltgerecht planen *(www.routerank.com)* – , sondern achten Sie auch Natur und Kultur im Reiseland *(www.gate-tourismus.de; www.ecotrans.de)*. Gerade als Tourist ist es wichtig, auf Aspekte wie Naturschutz *(www.nabu.de; www.wwf.de)*, regionale Produkte, wenig Autofahren, Wassersparen und vieles mehr zu achten. Wenn Sie mehr über ökologischen Tourismus erfahren wollen: europaweit *www.oete.de*; weltweit *www.germanwatch.org*

Von Anreise bis Zoll

Urlaub von Anfang bis Ende: die wichtigsten Adressen und Informationen für Ihre Reise an die Oberitalienischen Seen

AUSKUNFT

ITALIENISCHE ZENTRALE FÜR TOURISMUS ENIT

– *Barckhausstr. 10 | 60325 Frankfurt | Tel. 069 23 74 34*
– *Mariahilferstr. 1 b | 1060 Wien | Tel. 01 5 05 16 39*
– *Tödistr. 65 | 8002 Zürich | Tel. 04 45 44 07 97*
– *www.enit.de*

SCHWEIZ TOURISMUS

Gebührenfrei in der Schweiz, Deutschland, Österreich: *Tel. 0 08 00 10 02 00 29 | www.myswitzerland.com*

REGIONALE AUSKUNFTSSTELLEN

– *Ente Turistico Lago Maggiore | 6600 Locarno | Tel. 08 48 09 10 91 | www.ascona-locarno.com*
– *Ticino Turismo | Via C. Ghiringhelli 7 | 6501 Bellinzona | www.ticino.ch*
– *Ufficio Informazioni Turistiche di Como | Piazza Cavour 17 | 22100 Como | Tel. 0 31 26 97 12 | www.lakecomo.is*
– *Ufficio Informazioni Turistiche di Lecco | Piazza XX Settembre 23 | 23900 Lecco | Tel. 03 41 29 57 20 | www.lakecomo.is*
– *Distretto Turistico dei Laghi | Via dell'Industria 25 | 28924 Verbania-Fondotoce | Tel. 0 32 33 04 16 | www.distrettolaghi.it*
– *Agenzia del Turismo della Provincia di Varese | Tel. 03 32 25 24 12 | www.vareselandoftourism.com*

INFORMATIVE WEBSITES

Touristische Tipps über die Seen geben neben den oben genannten Internetauftritten u. a.die folgenden Websites:
– *www.derlagomaggiore.de*
– *www.lugano-turismo.ch*
– *www.lagomaggiore-italy.it*
– *www.mylagomaggiore.de*
– *www.ciaolagomaggiore.com*
– *www.comersee-feriendomizile.de*

WÄHRUNGSRECHNER

€	CHF	CHF	€
1	1,20	1	0,83
2	2,40	2	1,67
3	3,60	3	2,50
5	6,00	5	4,16
7	8,41	7	5,83
8	9,61	8	6,66
9	10,81	9	7,49
12	14,41	12	9,99
25	30,02	25	20,81

www.tempoitalia.it zeigt, wie das Wetter wird, *www.paesionline.it* hilft, preiswerte Übernachtungen zu finden. Auf *www.autostrade.it* finden Sie Verkehrsinformationen, *www.ansa.it* ist die Website der italienischen Nachrichtenagentur mit Meldungen auch auf Englisch. Und *www.museionline.it* versammelt alle italienischen Museen, mit Ausstellungsübersicht.

AUTO

Höchstgeschwindigkeit innerorts 50, auf Landstraßen 90 (Schweiz 80), auf Autobahnen 130 (in der Schweiz 120) km/h, in Italien bei Regen 110 km/h. In Italien ist beim Verlassen des Wagens bei Notfällen außerhalb geschlossener Ortschaften das Tragen einer Warnweste Pflicht, das Telefonieren mit dem Handy während der Fahrt ist nur über eine Frei-

sprechanlage erlaubt. Die Promillegrenze liegt bei 0,5.
In Italien und der Schweiz muss auf allen Straßen außerhalb geschlossener Ortschaften auch am Tag das Abblendlicht eingeschaltet werden! Die italienischen *autostrade* sind mautpflichtig *(pedaggio)*. An den entsprechend gekennzeichneten Ausfahrten kann man auch mit Kreditkarte bezahlen. Für die Schweizer Autobahnen benötigt man eine Vignette (40 Franken für ein Kalenderjahr).
Pannendienst des italienischen Automobilclubs ACI: *Tel. 80 3116*, vom Handy *Tel. 8 00 11 68 00* (Schweiz: *Tel. 140*). Tankstellen in Italien sind außer an der Autobahn in der Mittagszeit und sonntags meist geschlossen, viele haben aber Tankautomaten. Fahren Sie in Grenznähe zum Tanken rasch in die Schweiz: Die zahlreichen Tankstellen zeugen davon, dass der Sprit in der Schweiz deutlich billiger ist.

CAMPING

Die Region um die Oberitalienischen Seen ist ein kleines Campingparadies. Allein am Comer See gibt es rund vier Dutzend Plätze, vom kleinen, romantischen Zeltplatz bis zur bestens ausgerüsteten Zeltstadt. Ausführliche Verzeichnisse erhalten Sie über die Fremdenverkehrsvereine der Regionen. Wildes Camping wird nicht geduldet. Auch Wohnmobile dürfen nicht einfach am Straßenrand abgestellt werden, sondern nur auf dafür ausgewiesenen Stell- oder Campingplätzen.

DIPLOMATISCHE VERTRETUNGEN

DEUTSCHE KONSULATE

– *Via Solferino 40 | Milano | Tel. 02 62 31 11 01 | Tel. Notfall: 33 57 90 41 70 |*
– *Via Soave 9 | Lugano | Tel. 09 19 22 78 82*

ÖSTERREICHISCHE KONSULATE

– *Piazza del Liberty 8 | Milano | Tel. 02 77 80 78 0*
– *Via Frasca 5 | Lugano | Tel. 09 19 11 95 50*

SCHWEIZER KONSULAT

Via Palestro 2 | Milano | Tel. 02 77 79 161

EINTRITTSPREISE

Die Eintrittspreise für Museen sind relativ teuer. Die 8,50 Franken für das Hesse-Museum in Montagnola oder die 10 Euro für die Villa Carlotta am Comer See sind noch moderat, wenn man den Eintritt für Touristenmagneten wie die Isola Bella (16 Euro) oder das Swissminiatur (19 Franken) in Melide zum Vergleich nimmt. Generell ist das Preisniveau in Italien wesentlich günstiger als in der Schweiz. Kinder und Rentner erhalten in beiden Ländern fast überall eine Ermäßigung. Auch bei den Strandbädern sind die Preise uneinheitlich. Es gibt immer weniger öffentliche Strände *(bagno pubblico* oder *spiaggia pubblica)* mit freiem Eintritt. Richtige Strandbäder *(lido)* verlangen ab 5 Franken bzw. 3 Euro Eintritt.

FERIENWOHNUNGEN & AGRITOURISMUS

Das Angebot reicht vom einfachen Steinhäuschen für 200 bis zur prunkvollen Villa für 2000 Euro pro Woche. Die lokalen Fremdenverkehrsvereine verschicken Verzeichnisse. Wachsender Beliebtheit erfreuen sich in Italien – allerdings nicht direkt an den Seen – Ferien auf dem Bauernhof *(agriturismo)*.

GELD & KREDITKARTEN

Geldautomaten sind flächendeckend vorhanden. Die gängigen Kreditkarten sind in beiden Ländern weit verbreitet. In der

Schweiz kann man meist auch mit Euro bezahlen, erhält das Wechselgeld dann aber in Schweizer Franken.

GESUNDHEIT

Erste Hilfe erhalten Sie bei der Notfallstation des Krankenhauses *(pronto soccorso)* gratis, in kleineren Orten beim Notarzt *(guardia medica)*. Beim Arztbesuch legen Sie Ihre European Health Insurance Card (EHIC) vor. Sollte diese nicht oder nur mit einigem bürokratischem Aufwand akzeptiert werden, reichen Sie Arzt- und Apothekenrechnungen der heimischen Krankenkasse zur meist unproblematischen Erstattung ein – oder Sie schließen eine Reisekrankenversicherung ab. Apotheken *(farmacia)* sind mit einem grünen Kreuz gekennzeichnet. Ein Verzeichnis mit den nachts und feiertags geöffneten Apotheken *(farmacie di turno)* ist an den Apotheken ausgehängt.

INTERNETZUGANG & WLAN

WLAN-Hotspots sind in großen Tessiner Ortschaften verbreitet, in italienischen etwas weniger. Bei besseren Campingplätzen und Hotels sind sie Standard.

KLIMA & REISEZEIT

Ostern markiert den traditionellen Start zur Reisesaison. April, Mai und Juni charakterisieren sich häufig durch längere Regenperioden. Im Juli und August ist *tutta Italia* in den Ferien und es kann schwierig werden, noch ein freies Hotelzimmer oder einen Stellplatz auf einem Campingplatz zu finden. Im Hochsommer herrscht öfters auch Ozonalarm. Die Behörden raten dann davon ab, in der Mittagszeit Sport zu treiben oder sich körperlich anzustrengen. Traumhaft schön, vor allem für Wanderer und Naturliebhaber, präsentiert sich der Herbst: Zwar kann es da schon mal länger regnen, scheint aber die Sonne, werden Sie mit klarer Luft, angenehmen Temperaturen und phänomenaler Fernsicht entschädigt. Von speziellem Reiz ist der kurze, ausgesprochen trockene Winter: In den Bergen liegt Schnee, aber in geschützten Winkeln an den Seen genießen Sie schon erste Vorboten des Frühlings. Allerdings ist es im Winterhalbjahr ratsam, sich vorab zu informieren, welche Hotels geöffnet sind.

WAS KOSTET WIE VIEL?

Kaffee	**ab 1 Euro** *in der Stehbar für eine Tasse Espresso*
Eis	**1,80–3 Euro** *für zwei Kugeln im Stehen*
Wein	**ab 4 Euro** *für eine Karaffe (0,25 l) Hauswein*
Schiff	**2,50 Euro** *pro Haltestelle auf dem Comer See*
Benzin	**um 1,60 Euro** *für 1 l Super 95*
Mitbringsel	**ab 5 Euro** *für 1 l Olivenöl extravergine*

Durchschnittspreise für die italienische Seite

MIETWAGEN

Einen Kleinwagen erhält man ab ca. 60 Euro pro Tag, Wochenpauschalen beginnen bei ca. 300 Euro. Meist ist es preiswerter, den Mietwagen vor der Reise von zu Hause aus zu buchen.

NOTRUF

Die europaweite Notrufnummer ist *112*. In Italien sind außerdem *113* (Polizei) und *115* (Feuerwehr) in Betrieb, in der Schweiz *117* (Polizei) und *118* (Feuerwehr). In den Schweizer Alpen wendet man sich im Notfall an die Nummer *1414*.

ÖFFENTLICHE VERKEHRSMITTEL

Am Westufer des Lago Maggiore erreichen Sie mit der Eisenbahn u. a. Verbania-Fondotoce, Stresa, Arona und Sesto Calende. Am Ostufer sind Luino und Laveno-Mombello die wichtigsten Bahnhöfe. Am Luganer See kreuzt die Bahn den See über den Damm von Melide und lässt den westlichen Seearm links liegen. Am Comer See führt die Eisenbahnstrecke am östlichen Ufer entlang von Colico bis Lecco mit Anschluss nach Como.

Die anderen Gebiete werden mit dem gelben, „Postauto" genannten Bus (in der Schweiz) oder mit dem blauen Bus (in Italien) angesteuert. So kommen Sie mit öffentlichen Verkehrsmitteln praktisch überall hin und können auch Wanderungen unternehmen, bei denen Sie nicht an den Ausgangspunkt zurückkehren müssen. Zu beachten sind allerdings die meist seltenen Fahrten in abgelegene Orte.

Auf den drei großen Seen verkehren öffentliche ● Schifffahrtslinien, die alle wichtigen Orte im Personenverkehr miteinander verbinden, die Sie aber natürlich auch nach dem Motto „Der Weg ist das Ziel" für eine entspannte

WETTER IN PALLANZA/LAGO MAGGIORE

	Jan.	Feb.	März	April	Mai	Juni	Juli	Aug.	Sept.	Okt.	Nov.	Dez.
Tagestemperaturen in °C	6	9	13	18	21	26	29	28	24	17	11	7
Nachttemperaturen in °C	-1	0	4	7	12	15	18	17	14	9	5	1
Sonnenschein Stunden/Tag	4	5	5	6	7	7	8	7	6	5	3	3
Niederschlag Tage/Monat	4	4	6	9	12	9	8	7	8	7	8	6
Wassertemperaturen in °C	8	9	9	11	14	18	20	22	19	16	12	9

Kreuzfahrt auf dem See nutzen können, die Ihnen zudem Einblicke in Villengrundstücke gewährt, die so nur von der Seeseite möglich sind. Darüber hinaus gibt es häufig verkehrende Autofähren: auf dem Lago Maggiore zwischen Intra und Laveno, auf dem Comer See zwischen Menaggio, Bellagio und Varenna. Fahrplan und Tarife über die Websites *www.navigazionelaghi.it* bzw. *www.lakelugano.ch.*

ÖFFNUNGSZEITEN

In Italien haben viele Geschäfte – außer den Lebensmittelläden – am Montagvormittag geschlossen. Im Allgemeinen gelten folgende Zeiten: montags 16 bis 19.30 Uhr, dienstags bis samstags 8 oder 8.30 bis 12.30 oder 13 und 15 bis 19.30 oder 20 Uhr, größere Supermärkte und Warenhäuser durchgehend ohne Mittagspause. In den Touristenzentren an den Seen ist in der Saison oft bis spät in den Abend hinein und oft auch am Sonntagvormittag von 8.30 oder 9 bis 12 oder 13 Uhr geöffnet.

Im Tessin gelten im Wesentlichen die schweizerischen Öffnungszeiten: montags bis freitags von 8 bis 18.30, samstags von 8 bis 17 Uhr, am Donnerstag Abendverkauf bis 21 Uhr.

SICHERHEIT

Leider ist in Italien Kleinkriminalität in den Städten und touristischen Zentren stark verbreitet. Auf Taschen, Koffer, Fotoapparate und andere Wertgegenstände sollten Sie besonders achtgeben. Kraftfahrzeuge, vor allem Wohnmobile, Kleinbusse und teurere Autos, werden häufig aufgebrochen. Sie sollten daher auf keinen Fall Geld, Wertsachen oder Papiere im abgestellten Wagen lassen, sondern sie direkt am Körper tragen. Über Nacht empfiehlt es sich, das Auto nach Möglichkeit in einer bewachten Garage abzustellen. Im Tessin ist die Situation etwas weniger prekär.

TELEFON & HANDY

Vorwahlen: Italien *0039,* Schweiz *0041,* Deutschland *0049,* Österreich *0043.* Sowohl in Italien als auch in der Schweiz gibt es keine Vorwahlen mehr, es muss auch innerorts immer die vollständige Nummer gewählt werden und bei Anrufen aus dem Ausland bzw. von einem ausländischen Handy auf einen Festnetzanschluss in Italien muss auch die Null am Anfang der Nummer mitgewählt werden, bei Anrufen in der Schweiz hingegen muss sie weggelassen werden. In beiden Ländern benötigt man für Telefonzellen eine Telefonkarte *(scheda telefonica).*

TRINKGELD

In beiden Ländern ist der Service in den Preisen inbegriffen. Wenn Sie mit der Bedienung zufrieden waren, ist in Restaurants ein Trinkgeld (ca. fünf bis zehn Prozent) üblich. Bei besonderen Dienstleistungen des Tankwarts oder Hotelpersonals ist ein Trinkgeld von 2 bis 5 Euro oder Franken angemessen.

ZOLL

Zollfrei importieren – in die Schweiz sowie aus der Schweiz in die EU – dürfen Sie u. a. 4 l Wein (EU) bzw. 5 l Wein (Schweiz) und 1 l Spirituosen, 200 Zigaretten (EU) bzw. 250 Zigaretten (Schweiz) sowie Souvenirs im Wert von 300 Franken bzw. 300 Euro. Innerhalb der EU dürfen Waren für den privaten Bedarf frei ein- und ausgeführt werden. *www.zoll.admin.ch, www.zoll.de*

SPRACHFÜHRER ITALIENISCH

AUSSPRACHE

c, cc	vor e oder i wie tsch in „deutsch“, Bsp.: dieci, sonst wie k
ch, cch	wie k, Bsp.: pacchi, che
g, gg	vor e oder i wie dsch in „Dschungel“, Bsp.: gente, sonst wie g
gl	ungefähr wie in „Familie“, Bsp.: figlio
gn	wie in „Cognac“, Bsp.: bagno
sc	vor e oder i wie deutsches sch, Bsp.: uscita
sch	wie sk in „Skala“, Bsp.: Ischia
z	immer stimmhaft wie ds

Ein Akzent steht im Italienischen nur, wenn die letzte Silbe betont wird. In den übrigen Fällen haben wir die Betonung durch einen Punkt unter dem betonten Vokal angegeben.

AUF EINEN BLICK

ja/nein/vielleicht	sì/no/fọrse
bitte/danke	per favọre/grạzie
Entschuldige!/Entschuldigen Sie!	Scụsa!/Scụsi!
Wie bitte?	Cọme dịce?/Prẹgo?
Gute(n) Morgen!/Tag!/Abend!/Nacht!	Buọn giọrno!/Buọn giọrno!/ Buọna sẹra!/Buọna nọtte!
Hallo!/Tschüss!/Auf Wiedersehen!	Cịao!/Cịao!/Arrivedẹrci!
Ich heiße ...	Mi chịamo ...
Wie heißen Sie?/Wie heißt Du?	Cọme si chịama?/Cọme ti chịami?
Ich möchte .../Haben Sie ...?	Vorrẹi .../Avẹte ...?
Wie viel kostet ...?	Quạnto cọsta ...?
Das gefällt mir (nicht).	(Non) mi pịace.
gut/schlecht	buọno/cattịvo
kaputt/funktioniert nicht	guạsto/non funziọna
zu viel/viel/wenig/alles/nichts	trọppo/mọlto/pọco/tụtto/nịente
Hilfe!/Achtung!/Vorsicht!	Aiụto!/Attenziọne!/Prudẹnza!
Krankenwagen/Polizei/Feuerwehr	ambulạnza/polizịa/vịgili del fuọco
Verbot/verboten/Gefahr/gefährlich	divịeto/vietạto/perịcolo/pericolọso

DATUMS- & ZEITANGABEN

Montag/Dienstag	lunedì/martedì
Mittwoch/Donnerstag	mercoledì/giovedì
Freitag/Samstag	venerdì/sạbato

Parli italiano?

„Sprichst du Italienisch?“ Dieser Sprachführer hilft Ihnen, die wichtigsten Wörter und Sätze auf Italienisch zu sagen

Sonntag/Werktag/Feiertag	domẹnica/(giọrno) feriạle/festịvo
heute/morgen/gestern	ọggi/domạni/iẹri
Stunde/Minute/Tag/Nacht	ọra/minụto/giọrno/nọtte
Woche/Monat/Jahr	settimạna/mẹse/ạnno
Wie viel Uhr ist es?	Che ọra è? Che ọre sọno?
Es ist drei Uhr./Es ist halb vier.	Sọno le tre./Sọno le tre e mẹzza.
Viertel vor vier/Viertel nach vier	le quạttro mẹno un quạrto/le quạttro e un quạrto

UNTERWEGS

offen/geschlossen	apẹrto/chiụso
Eingang/Einfahrt/Ausgang/Ausfahrt	entrạta/entrạta/uscịta/uscịta
Abfahrt/Abflug/Ankunft	partẹnza/partẹnza/arrịvo
Toiletten/Damen/Herren	bạgno/signọre/signọri
(kein) Trinkwasser	ạcqua (non) potạbile
Wo ist ...?/Wo sind ...?	Dov'è ...?/Dọve sọno ...?
links/rechts/geradeaus/zurück	sinịstra/dẹstra/drịtto/indiẹtro
nah/weit	vicịno/lontạno
Bus/Straßenbahn/U-Bahn/Taxi	bus/tram/metropolitạna/tạxi
Haltestelle/Taxistand	fermạta/postẹggio tạxi
Parkplatz/Parkhaus	parchẹggio/parchẹggio copẹrto
Stadtplan/(Land-)Karte	piạnta/mạppa
Bahnhof/Hafen/Flughafen	staziọne/pọrto/aeropọrto
Fahrplan/Fahrschein/Zuschlag	orạrio/bigliẹtto/supplemẹnto
einfach/hin und zurück	sọlo andạta/andạta e ritọrno
Zug/Gleis/Bahnsteig	trẹno/binạrio/banchịna
Ich möchte ... mieten.	Vorrẹi noleggiạre ...
ein Auto/ein Fahrrad/ein Boot	ụna mạcchina/ụna biciclẹtta/ụna bạrca
Tankstelle/Benzin/Diesel	distributọre/benzịna/gasọlio
Panne/Werkstatt	guạsto/officịna

ESSEN & TRINKEN

Reservieren Sie uns bitte für heute Abend einen Tisch für vier Personen.	Vorrẹi prenotạre per stasẹra un tavọlo per quạttro persọne.
auf der Terrasse/am Fenster	sụlla terrạzza/vicịno ạlla finẹstra
Die Speisekarte, bitte.	Il menù, per favọre.
Flasche/Karaffe/Glas	bottịglia/carạffa/bicchiẹre
Messer/Gabel/Löffel	coltẹllo/forchẹtta/cucchiạio
Salz/Pfeffer/Zucker	sạle/pẹpe/zụcchero
Essig/Öl/Milch/Sahne/Zitrone	acẹto/ọlio/lạtte/pạnna/limọne

kalt/versalzen/nicht gar	frẹddo/trọppo salạto/non cọtto
mit/ohne Eis/Kohlensäure	con/sẹnza ghiạccio/gas
Vegetarier(in)/Allergie	vegetariạno/vegetariạna/allergịa
Ich möchte zahlen, bitte.	Vorrẹi pagạre, per favọre
Rechnung/Quittung/Trinkgeld	cọnto/ricevụta/ mạncia

EINKAUFEN

Wo finde ich ...?	Dọve pọsso trovạre ...?
Ich möchte .../Ich suche ...	Vorrẹi .../Cẹrco ...
Brennen Sie Fotos auf CD?	Vorrẹi masterizzạre dẹlle fọto su CD?
Apotheke	farmacịa
Bäckerei/Markt	fọrno/mercạto
Einkaufszentrum/Kaufhaus	cẹntro commerciạle/grạnde magazzịno
Lebensmittelgeschäft	negọzio alimentạre
Supermarkt	supermercạto
Fotoartikel/Zeitungsladen	artịcoli per fọto/giornalạio
Kiosk	edịcola
100 Gramm/1 Kilo	un ẹtto/un chịlo
teuer/billig/Preis	cạro/económico/prẹzzo
mehr/weniger	di più/di mẹno
aus biologischem Anbau	di agricoltụra biolọgica

ÜBERNACHTEN

Haben Sie noch ...?	Avẹte ancọra ...?
Einzelzimmer/Doppelzimmer	ụna (cạmera) sịngola/ụna dọppia
Frühstück/Halbpension/Vollpension	colaziọne/mẹzza pensiọne/ pensiọne complẹta
Dusche/Bad/Balkon/Terrasse	dọccia/bạgno/balcọne/terrạzza
Schlüssel/Zimmerkarte	chiạve/schẹda magnẹtica
Gepäck/Koffer/Tasche	bagạglio/valịgia/bọrsa

BANKEN & GELD

Bank/Geldautomat/Geheimzahl	bạnca/bancomạt/cọdice segrẹto
bar/Kreditkarte	in contạnti/cạrta di crẹdito
Banknote/Münze/Wechselgeld	banconọta/monẹta/il rẹsto

GESUNDHEIT

Arzt/Zahnarzt/Kinderarzt	mẹdico/dentịsta/pediạtra
Krankenhaus/Notfallpraxis	ospedạle/prọnto soccọrso
Fieber/Schmerzen	fẹbbre/dolọri
Durchfall/Übelkeit/Sonnenbrand	diarrẹa/nạusea/scottatụra solạre
entzündet/verletzt	infiammạto/ferịto

Pflaster/Verband/Salbe/Creme	cerọtto/fasciatụra/pomạta/crẹma
Schmerzmittel/Tablette/Zäpfchen	antidolorifịco/comprẹssa/suppọsta

TELEKOMMUNIKATION & MEDIEN

Briefmarke/Brief/Postkarte	francobọllo/lẹttera/cartolịna
Ich brauche eine Telefonkarte fürs Festnetz.	Mi sẹrve ụna schẹda telefọnica per la rẹte fịssa.
Ich suche eine Prepaidkarte für mein Handy.	Cẹrco ụna schẹda prepagạta per il mịo cellulạre.
Wo finde ich einen Internetzugang?	Dọve trọvo un accẹsso ịnternet?
Brauche ich eine spezielle Vorwahl?	Ci vuọle un prefịsso particolạre?
wählen/Verbindung/besetzt	compọrre/lịnea/occupạto
Steckdose/Adapter/Ladegerät	prẹsa/riduttọre/caricabatterịe
Computer/Batterie/Akku	compụter/batterịa/accumulatọre
At-Zeichen(„Klammeraffe“)	chiọcciola
Internetadresse/E-Mail-Adresse	indirịzzo ịnternet/indirịzzo emaịl
Internetanschluss/WLAN	collegamẹnto ịnternet/wi-fi
E-Mail/Datei/ausdrucken	emaịl/fịle/stampạre

FREIZEIT, SPORT & STRAND

Strand/Strandbad	spiạggia/stabilimẹnto balneạre
Sonnenschirm/Liegestuhl	ombrellọne/sdrạio
Seilbahn/Sessellift	funivịa/seggiovịa
(Schutz-)Hütte/Lawine	rifụgio/valạnga

ZAHLEN

0	zẹro	17	diciassẹtte
1	ụno	18	diciọtto
2	dụe	19	diciannọve
3	tre	20	vẹnti
4	quạttro	21	ventụno
5	cịnque	30	trẹnta
6	sẹi	40	quarạnta
7	sẹtte	50	cinquạnta
8	ọtto	60	sessạnta
9	nọve	70	settạnta
10	diẹci	80	ottạnta
11	ụndici	90	novạnta
12	dọdici	100	cẹnto
13	trẹdici	1000	mịlle
14	quattọrdici	2000	duemịla
15	quịndici	½	un mẹzzo
16	sẹdici	¼	un quạrto

REISEATLAS

Verlauf der Erlebnistour „Perfekt im Überblick"

Verlauf der Erlebnistouren

Der Gesamtverlauf aller Touren ist auch in der herausnehmbaren Faltkarte eingetragen

 Bild: Cannero Riviera am Lago Maggiore

Unterwegs an den Oberitalienischen Seen

Die Seiteneinteilung für den Reiseatlas finden Sie auf dem hinteren Umschlag dieses Reiseführers

A
B
C
1
2
3
4
5
6
Binn
(1400)
Mässeralp
Schaplerapla
Heiligkreuz
Längtal
Flesch
4 km
2.49 mi
Schinhörner
2938
2885
Punta di Valdeserta
Monte Gascian
Grampielpass
2764
Geisspfadsee
2438
Lago Codelago o Devero
Rothorn
2888
Punta della Rossa
Parco Naturale
dell' Alpe
Veglia
e dell' Alpe
Devero
P.Cervandone
3211
Scherbadung
Rifugio Castiglioni
Alpe Devero
(1631)
Rifugio Città di Sesto Calende
Cascata d. Interno
Monte del Sangiatto
2387
2385
Monte Giove
3009
Inferiore
Superiore
Lago Busin
2438
Rifugio Busin
(2388)
Frac
Antillone
939
Chioso
659
Case Cini
Rivasco
(835)
2684
Punta di Tanzonia
Salecchio
Passo
San Rocco
(755)
Cadarese
Corona di Gr
2793
Helsenhorn
3272
3207
Ritterpass
2764
Punta Boccareccio
Passo Boccarecio
2948
Monte Cazzola
2330
Goglio
1133
Lago Agaro
Ausone
2593
Monte Forno
Alpi Lepontine
Valle Devero
Torrente Devero
Pizzo Moro
2431
Passo di Viltendra
Toni di Veglia
2405
Pizzo Diei
2906
2880
Monte Cistella
Esigo
Osso
Croveo
Baceno
(655)
Piazza
Piedilago
Cristo
Premia
(800)
Pizzo dei Cros
2710
Pioda
Crego
Pizzo del Forno
2696
Antigorio
San Domenico
(1384)
Cairasca
Torrente Cairasca
Gebbo
2385
Monte Teggiolo
Rifugio Pietro Crosta
(1751)
Alpe Solcio
Cravegna
(850)
Campieno
895
Mozzio
Videno
Verampio
la Colla
2359
Passo della Forcoletta
Orridi di Uriezzo
Cruppo
Maglioggio
Crodo
(505)
Monte Larone
2237
1226
Agarina
Smeglio
Alpiano superiore
Coggia
Trasquera
1100
Bertonio
Varzo
(568)
Riceno
Bugliaga
Iselle
Val Divedro
E62
33
Bagni di Crodo
Vegno
Molinetto
1728
Rencio-Superiore
Inferiore
Fiume Toce
Torrente Isorno
Valle dell'Isorno
Cippata
Mognata
Alpi Albarina
19
Monte Navone
1602
Pontemaglio
(373)
Madonna di S. Luca
Oira
Pizzo la
Pizzo Giezza
2635
Pizzo d'Albiona
2431
Torrente Diveria
Bisogno
Roledo
Altoggio
Montecrestese
(486)
Naviledo
Monte Lo
Pevè
Rifugio Malnate
(1760)
Campeglia
Enso
Piemonte
San Bernardo
(1628)
Crevoladossola
(375)
Ponte di Crevola
288
Pontetto
Roldo
Menogno
Cima la Sella
1712
Pizzo Crogna
1740
Preglia
Masera
(297)
Coimo
Rio Rasiga
San Lorenzo
Valle di Bognanco
Caddo
Cisore
Monte Ossolano
Paiesco
Gagnon
337
Torrente Melezzo Occidentale
1142
Pizzanco
Graniga
Bognanco
(980)
Fonti
San Marco
Vagna
Mercato
Calvario
Trontano
Verigo
Marone
2
Valle Vigezzo
Domodossola
(272)
Calvario
Croppo
Ris. Nat. del Sacro Monte Calvario di Domodossola
Cosasca
Cosa
ITALIA
Cima Camughera
2248
Domobianca
Moncucco
1986
Tappia
Monte Togano
2299
Pizzo Tignolino
2246
Torrente Brevettola
Villaggio Sisma
Beura
(257)
Villadossola
(259)
Boschetto
Monteschenc
Sasso
Cresti
Seppiana
Punta Pozzolo
2081
Ris. Nat. del Mott
Pizzo Mottac
1802
Cardezza
Valle Ossola
Rivera
Viganella
1278
Pallanzeno
(228)
Cuzzego
Pizzo
1709
Cola Bassa
Parco Nazi
Prato
Carale
Pizzo della Rossola
2087
della V

138

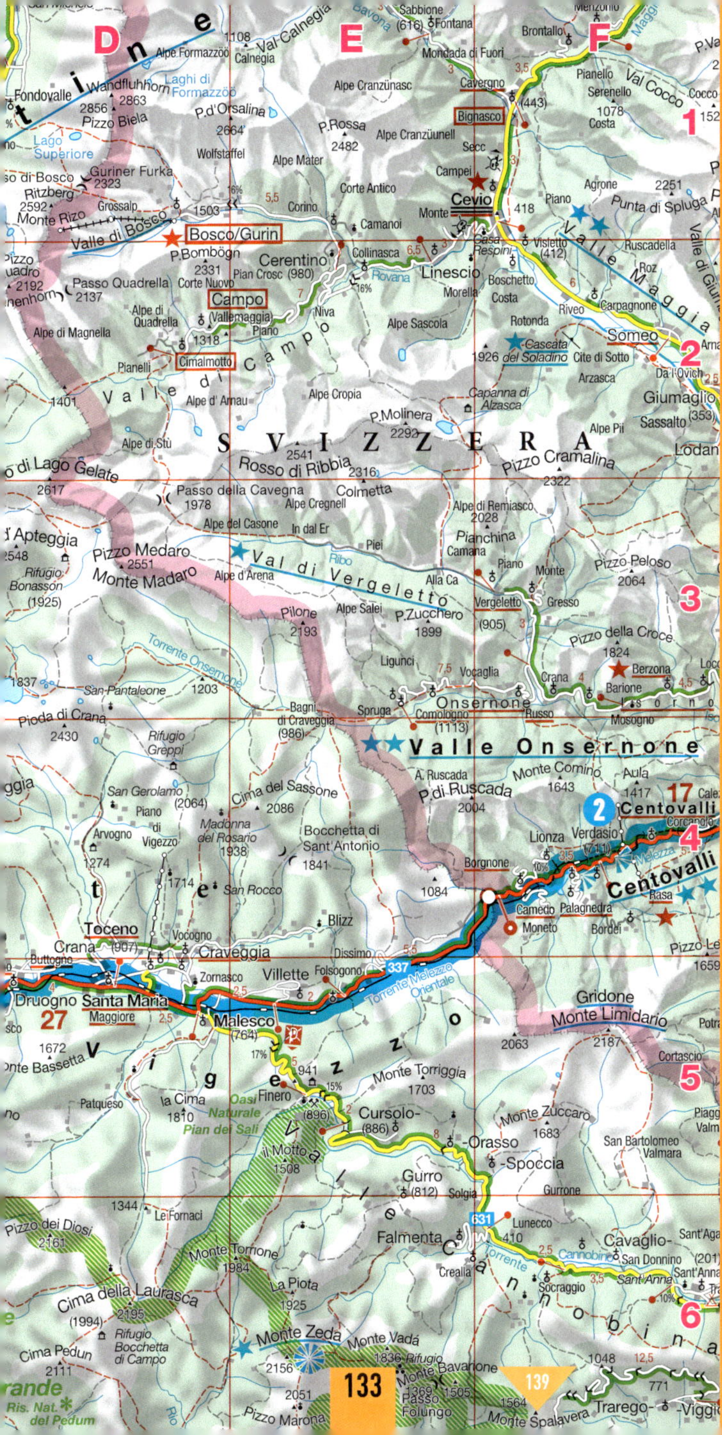
D
E
F
1
2
3
4
5
6
SVIZZERA
Fondovalle
Wandfluhhorn
2856
2863
Pizzo Biela
Alpe Formazzöö
Laghi di Formazzöö
1108
Calnegia
Val Calnegia
Bavona
Sabbione (616)
Fontana
Mondada di Fuori
Brontallo
Menzonio
Maggia
Val Cocco
Cocco
Pianello
Serenello
1078
Costa
Lago Superiore
P.d'Orsalina
2664
Alpe Cranzünasc
Cavergno
(443)
Bignasco
P.Rossa
2482
Alpe Cranzüunell
Secc
Campei
Cevio
Monte
418
Piano
Agrone
2251
Punta di Spluga
Valle di Giumaglio
Guriner Furka
2323
Ritzberg
2592
Monte Rizo
Grossalp
1503
Wolfstaffel
Alpe Mater
Corte Antico
Corino
Camanoi
Valle di Bosco
Bosco/Gurin
P.Bombögn
2331
Cerentino
Pian Crosc (980)
Collinasca
Rovana
Linescio
Casa Respini
Visletto (412)
Valle Maggia
Ruscadella
Roz
Passo Quadrella
2137
Corte Nuovo
2192
Campo
(Vallemaggia)
Niva
Morella
Boschetto
Costa
Riveo
Carpagnone
Alpe di Quadrella
Alpe di Magnella
1318
Piano
Alpe Sascola
Rotonda
Someo
Cascata del Soladino
Cite di Sotto
Arzasca
Dal l'Ovich
Pianelli
Cimalmotto
Valle di Campo
1926
1401
Alpe d' Arnau
Alpe Cropia
Capanna di Alzasca
Giumaglio
Sassalto (353)
P.Molinera
2292
Alpe Pii
Lodano
Alpe di Stù
2541
Rosso di Ribbia
2316
Pizzo Cramalina
2322
Lago Gelate
2617
Passo della Cavegna
1978
Alpe Cregnell
Colmetta
Alpe di Remiasco
2028
Alpe del Casone
In dal Er
Apteggia
Pizzo Medaro
2551
Monte Madaro
Rifugio Bonasson (1925)
Pianchina
Camana
Piei
Piano
Monte
Pizzo Peloso
2064
Val di Vergeletto
Ribo
Alpe d'Arena
Alla Ca
Vergeletto
(905)
Gresso
Pilone
2193
Alpe Salei
P.Zucchero
1899
Pizzo della Croce
1824
Torrente Onsernone
Ligunci
Vocaglia
Crana
Berzona
Barione
1837
San Pantaleone
1203
Bagni di Craveggia (986)
Spruga
Onsernone
Comologno (1113)
Russo
Mosogno
Pioda di Crana
2430
Rifugio Greppi
Valle Onsernone
A. Ruscada
P.di Ruscada
2004
Monte Comino
1643
Aula
1417
17
San Gerolamo
Piano di Vigezzo
(2064)
Cima del Sassone
2086
Madonna del Rosario
1938
Bocchetta di Sant'Antonio
1841
Centovalli
Lionza
Verdasio (711)
Corcapolo
Arvogno
1274
1714
San Rocco
Borgnone
1084
Melezza
Centovalli
Rasa
Camedo
Palagnedra
Moneto
Bordei
Toceno
Vocogno
Blizz
Crana (907)
Craveggia
Dissimo
Pizzo Leone
1659
Buttogno
Zornasco
Villette
Folsogono
337
Torrente Melezzo Orientale
Druogno
Santa Maria Maggiore
27
Malesco (764)
Gridone
Monte Limidario
2187
2063
1672
Monte Bassetta
941
Finero
(896)
Monte Torriggia
1703
Cortaccio
Patqueso
la Cima
1810
Oasi Naturale Pian dei Sali
Cursolo- (886)
Monte Zuccaro
1683
Orasso
Spoccia
San Bartolomeo Valmara
il Motto
1508
Gurro (812)
Solgia
Gurrone
Valle Cannobina
1344
Le Fornaci
Pizzo dei Diosi
2161
631
Lunecco
410
Cavaglio- San Donnino
Sant'Agata
(201)
Sant'Anna
Falmenta
Crealla
Torrente Cannobino
Socraggio
Monte Torrione
1984
La Piota
1925
Cima della Laurasca
2195
(1994)
Rifugio Bocchetta di Campo
Cima Pedun
2111
Monte Zeda
2156
Monte Vadà
Rifugio
Monte Bavarione
1505
1369 Passo Folungo
2051
Pizzo Marona
1564
Monte Spalavera
1048
771
Trarego-Viggiona
Ris. Nat. del Pedum
Rio
139

A
B
C
1
2
3
4
5
6
4 km
2.49 mi
Ticino
SVIZZERA
Piemonte
Lombardia
Valle Maggia
Valle Verzasca
Centovalli
Valle Onsernone
Lago Maggiore
Gambarogno
Malcantone
Val Redorta
Val Cocco
Valle d'Osola
Valle di Giumaglio
Val di Mergoscia
Sonogno
Frasco
Gerra (Verzasca)
Brione (Verzasca)
Lavertezzo
Corippo
Mergoscia
Vogorno
Lago di Vogorno
Someo
Giumaglio
Coglio
Lodano
Cascate del Fozzacio
Maggia
Santa Maria delle Grazie
Moghegno
Aurigeno
Gordevio
Avegno-Gordevio
Avegno
Terre di Pedemonte
Tegna
Verscio
Cavigliano
Intragna
Golino
Centovalli
Ponte Brolla
Losone
Orselina
Madonna del Sasso
Minusio
Muralto
Locarno
Tenero
Gordola
Ascona
Monte Verità
Ronco sopra Ascona
Porto Ronco
Isole di Brissago
Giardino Botanico
Brissago
Madonna di Ponte
Vira (Gambarogno)
Magadino
San Nazzaro
Gerra (Gambarogno)
Sant'Abbondio
Monte Gambarogno
Alpe di Neggia
Monte Tamaro
Indemini
Pino del L. M.
Tronzano Lago Maggiore
Cannobio
Santuario della Pietà
Villa del Sasso
Maccagno
Veddasca
Curiglia con-Monteviasco
Monte Lema
Monte Limidario
Gridone
Pizzo Leone
Corona dei Pinci
Pizzo Peloso
Pizzo della Croce
Madone di Giove
Cima d'Aiarlo
Pizzo d'Orgnana
Cimetta
Ponte dei Salti
Poncione della Marcia
Punta di Spluga
P. delle Pecore
Cima di Gagnone
Pizzi del Rabbioso
Alpe della Costa
Monte Zucchero
Monte Borgna
Monte Sirti
Monte Gradiccioli
Monte Magno
Carmine inferiore
Carmine Superiore
Cavaglio-San Donnino
Sant'Agata
Traffiume
140
134

D
E
F
1
2
3
4
5
6
Biasca
Cavalüm
Monda
Canvasigia
P. Magn
2329
Alpe di Cava
Alpe di Sceng
Capanna Cava
Forcella di Lago
Augio
Santa Domenica
Scandalasc
Masciadon
Torrone Alto
2950
Santa Petronilla
2505
Masnan
Pozzo
Iragna
Citt
P.Ricuca
2279
Albat
Alpe di Voisc
1206
Merisciolo
Val d' Osogna
P.di Campedell
2724
Cauco
(981)
Bodio
la Motta
Bersach
Riviera
Combra
Santa Maria del Castello
Sacco
Rodaglio
Alpe Repiano
Alpe Cauri
1507
2692
Mottone
Landarenca
Selma
Alpe di Corött
Cima Ciltro
1667
Ruscada
Osogna
(274)
Boggera
Lodrino
Legn
Cima di Negrös
2132
cione Rosso
2505
Alpe Stüell
Dureda
Arvigo
Braggio
Stabbio
Mezzana
Mondan
Antiglio
P.di Claro
2720
Lago di Canee
Verscio
Alpe di Peu
Sul Sasso
Cresciano
Bens
Alp de Mem
Alpe di Gagern
Grigioni
2000
P.di Renten
Val di Lodrino
Pönn
Prosito
Cornavosa
Moncrino
San Gottardo
Buseno
Molina
Bald. Dasga
Santa Maria
Alpe Drosina
Moleno
(270)
Paron
Preonzo
Scubiago
Pizzo di Molinera
2288
Monti di San Carlo
Fontana
Claro
Santa Maria
17
Val di Moleno
Poncione di Piotta
2439
Castaneda
Giova
Cassero
Parusciana
San Vittore
Campagnola
Naseri
Madone
2395
Cima dell'Uomo
2390
Gaggio
2267
Gnosca
Lumino
Castione
13
Moesa
Roveredo
(GR)
Monti di Vif
Bedretto
Z
E
R
A
Rifugio d'Albegno
Gorduno
„Bellinzona-Nord"
Verzw. Bellinzona-Nord
Arbedo
Monte Laura
Cima di Morisciolo
1905
Forcarella
1686
Mornera
Tampori
Carasso
Molinazzo
Laghetto d'Orbello
a di Sassello
1890
Valle d' Arbedo
Bellinzona
(231)
Daro
Palazzo Civico
Castelli di Bellinzona
Motto d'Arbino
1695
Alpe di Cadinello
Corno di Gesero
2227
Alpe Mognone
Monte Carasso
Sementina
nasco-Gerra
Medoscio
Agarone
Redonda
Progero
Ravecchia
Pedevilla
San Biagio
„Bellinzona-Süd"
Giubiasco
(242)
Pianezzo
Paudo
Sant'Antonio
Melirolo
Melera
Carmena
Carena
Monti di Ruscada
Cugnasco
Gudo
Ticino
Piano di Magadino
Loro
Vellano
Valle Morobbia
Bellinzona-Süd
16
Cadenazzo
Camorino
Vigana
Contone
Quartino
Sant'Antonino
1708
2027
Robasacco
Matro
1198
Isone
Alpe Crono
Camoghè
2228
Cima Verta
2079
Motto della Tappa
Pizzo di Gi
2245
Rivera
Cima di Medeglia
1260
Val di Serdena
Monte Garzirola
2116
Bironico
Drossa
Val d'Isone
Fiume Vedeggio
Medeglia
Vegna
Rivera Capidogno
Sorencino
Monteceneri
Monte Bar
1816
1632
Caval Dossa
Camignolo
29
Valcolla
Signora
Cozza
Colla
San Nazza
Val Cavargna
Cavargna
Bubengo
1071
995
Burena
San Bartolomeo
Val Cavargna
825
Monte Bigorio
1188
Corticiasca
Scareglia
Albumo
Insone
Bogno
Piandera
Certara
Leglio
Curtina
36
Odogno
Bigorio
Roveredo
Cassarate
Bidogno
Cimadera
Tesserete
Taverne
Campestro
Rosone
Seghebbia
1044
Buggiolo
Sora
Sala
Pte. Capriasca
Lopagno
Val Rezzo
Capriasca
Cagiallo
Pairolo
1810
Cime di Fiorina
Lugaggia
Sonvico
Origlio
Vaglio
Carnago
Dino
Sasso Grande
1500
Lombardia
Molzano
Corrido
Lamone
Villa Luganese
Sureggio
Cadro
Cureglia
Davesco
Valsolda
Dasio
141
25
Vesetto
483
(271)
Porlezza
Comano
Porza
Canobbio
Vezia
Drano
Soragno
Manno
Valle del Vedeggio

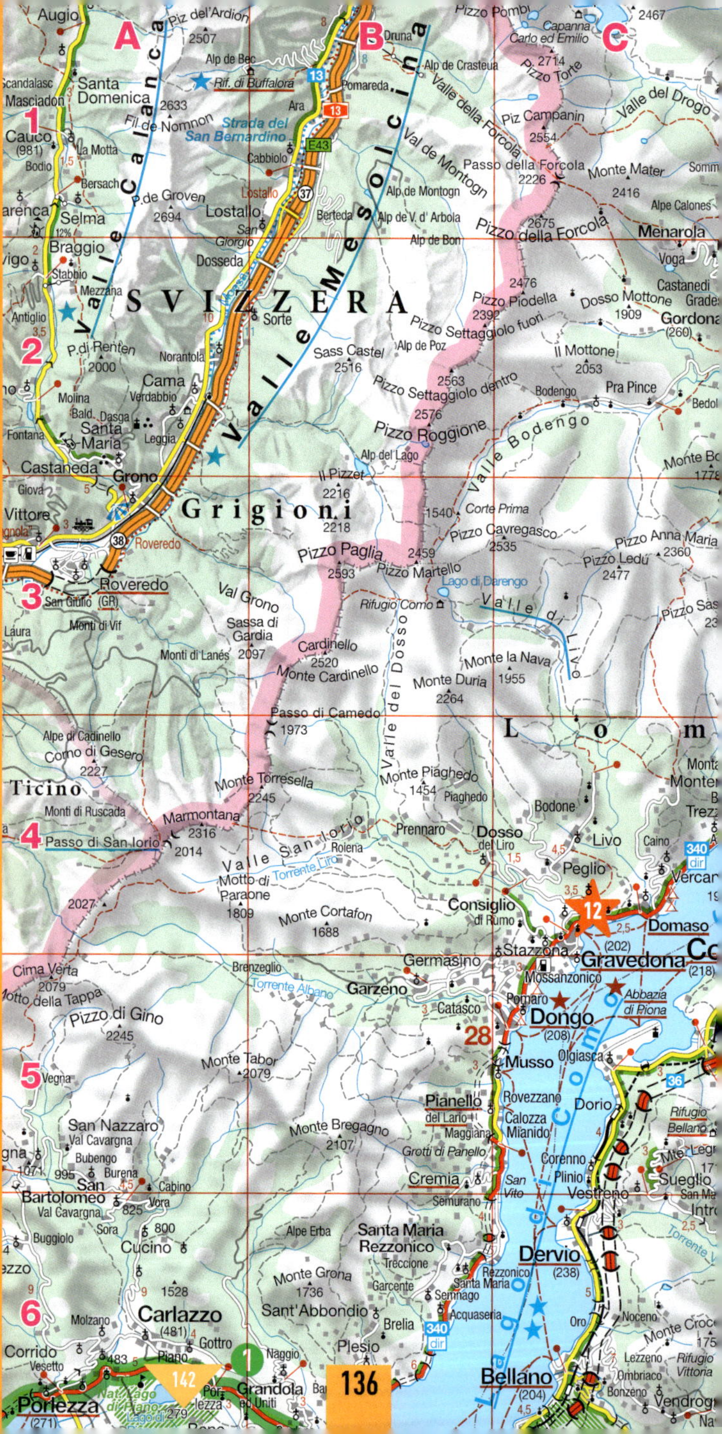
A
B
C
Augio
Piz del'Ardion
2507
Druna
Pizzo Pombi
Capanna Carlo ed Emilio
2467
Alp de Bec
Alp de Crasteua
2714
Pizzo Torte
Scandalasc
Santa Domenica
Rif. di Buffalora
Pomareda
Valle della Forcola
Valle del Drogo
Masciadon
2633
Ara
Piz Campanin
1
Fil. de Nomnon
Strada del San Bernardino
2554
Cauco (981)
La Motta
Cabbiolo
E43
Val de Montogn
Passo della Forcola
2226
Monte Mater
Somm
Bodio
Lostallo
Alp de Montogn
2416
Bersach
P.de Groven
2694
Lostallo
37
Berteda
Alp de V. d' Arbola
2675
Alpe Calones
Selma
San Giorgio
Alp de Bon
Pizzo della Forcola
Menarola
Valle Calanca
Valle Mesolcina
Braggio
Dosseda
Voga
Stabbio
2476
Castanedi
Mezzana
SVIZZERA
Pizzo Piodella
2392
Dosso Mottone
1909
Grade
Antiglio
Sorte
Pizzo Settaggiolo fuori
Gordona (260)
2
P.di Renten
2000
Norantola
Sass Castel
2516
Alp de Poz
Il Mottone
2053
Cama
Verdabbio
2563
Pizzo Settaggiolo dentro
Bodengo
Pra Pince
Bedol
Molina
Bald.
Dasga
2576
Santa Maria
Leggia
Pizzo Roggione
Valle Bodengo
Fontana
Castaneda
Alp del Lago
Monte Bo
1778
Grono
Il Pizzet
2216
Giova
Grigioni
2218
1540
Corte Prima
Vittore
38
Roveredo
Pizzo Cavregasco
2535
Pizzo Anna Maria
2360
Pizzo Paglia
2593
2459
Pizzo Martello
Pizzo Ledù
2477
3
Roveredo
San Giulio (GR)
Val Grono
Lago di Darengo
Rifugio Como
Valle di Livo
Pizzo Sas
Laura
Monti di Vif
Sassa di Gardia
2097
Monti di Lanés
Cardinello
2520
Monte Cardinello
Valle del Dosso
Monte la Nava
1955
Monte Duria
2264
Passo di Camedo
1973
L o m
Alpe di Cadinello
Corno di Gesero
2227
Ticino
Monte Torresella
2245
Monte Piaghedo
1454
Piaghedo
Bodone
Monti di Ruscada
Marmontana
2316
Prennaro
Dosso del Liro
Livo
Caino
4
Passo di San Iorio
2014
Valle San Iorio
Roiena
Torrente Liro
Peglio
340 dir
Vercar
Motto di Paraone
1809
2027
Monte Cortafon
1688
Consiglio di Rumo
12
Domaso
Stazzona
Gravedona (218)
(202)
Brenzeglio
Germasino
Cima Verta
2079
Motto della Tappa
Torrente Albano
Garzeno
Mossanzonico
Catasco
Pomaro
Abbazia di Piona
Dongo (208)
Pizzo di Gino
2245
28
Musso
Olgiasca
Monte Tabor
2079
5
Vegna
36
Pianello del Lario
Rovezzano
Dorio
Calozza
Rifugio Bellano
San Nazzaro Val Cavargna
Monte Bregagno
2107
Maggiana
Mianido
Lago di Como
Bubengo
Grotti di Panello
Mte. Legn
995
Burena
Corenno Plinio
Sueglio
San Bartolomeo Val Cavargna
Cabino
Cremia
San Vito
Vestreno
Vora
825
Semurano
Intr
Buggiolo
Sora
800
Alpe Erba
Santa Maria Rezzonico
Torrente
Cucino
Treccione
Dervio (238)
Monte Grona
1736
Rezzonico
Santa Maria
Garcente
1528
Sernago
Carlazzo (481)
Sant'Abbondio
Acquaseria
Oro
Noceno
Monte Croc
6
Molzano
Brelia
340 dir
Corrido
Gottro
Plesio
Naggio
Vesetto
Piano
142
Lezzeno
Rifugio Vittoria
Grandola ed Uniti
Ombriaco
Bellano (204)
Porlezza (271)
Lago di Piano
Bonzeno
Vendrog

D
E
F
1
2
3
4
5
6
Strada dello Spluga
Pizzo Alto 2479
Passo di Lei
2813
3107
Lago Acqua Fraggia
Leira
Cadrin
Planac
Strada del Maloja
Plän Vest
Cävi
Ren
Durbegia
Dair
Muntac
Castelmur
Municipio
Bregaglia
Borgonovo
la Porta
Soglio
Coltura
Promontogno
Stampa
Ciäsa Granda
Castasegna (686)
Bondo
Palazzo Salis
Fiume Mera
Val Bregaglia
1973
Pra
Selvartigh
Cugian
Gallivaggio
San Giacomo Filippo
Pianazzola
Piuro
Prosto (382)
Ris. Nat. Cascate dell' Acqua Fraggia
Borgonuovo
Acqua Fraggia
Villa di Chiavenna
Santa Croce
Canete
Roncaiola
Genova
Cerect
Alp Tegiola
Laret
Narave
Chiavenna (333)
Uschione
Ris. Nat. Marmitte dei Giganti
Mese
Prata Camportaccio (352)
San Vittore
Coloredo
Stoveno
Monte Congen 2139
Pizzo Grillo 2190
Piz dei Vanni 2774
Passo di Trubinasca 2800
1904
Capanna Sase Fura
2118
Capanna di Sciora
Piz Cengalo 3308
3767
Pizzo Cengalo
Cima di Codero 2757
Bivacco Vaninetti
Malaguardia
Monte Belenige 2639
Monte Gruf 2936
Pizzo Porcellizzo 3075
Rifugio Gianetti
Molteni Valsecchi
Punta Camerozzo 2876
San Cassiano Valchiavenna
Porettina
Pizzo di Prata 2727
Parco Regionale
Rifugio Brasca
Cima del Barbacan 2598
Cima del Calvario 2763
San Pietro
Piano di Chiavenna
1356
Cima Lavina
Saline
Val Codera
Bresciadega
del Bernina, del Disgrazia
Somaggia
Rifugio Omio 2003
Bagni del Masino (1172)
Gordona
(213)
Sant' Andrea
Era
36
21
Pizzo Bresciadega 2666
Pizzo Ligoncio 3032
Bivacco Valli
Codera
Monte Pesciola 1592
Riva
della Val Masino
Paiedo
Casende
Novate Mezzola (212)
2888
Sasso Manduino
2967
Monte Spluga
Rifugio Volta 2212
2378
Monte Lobbia
e della Val Codera
1930
San Fedelino
Campo
Cima di Provinaccio 1636
Monte Berlinghera
Frasnedo
Albonico
Lago di Mezzola
Verceia
Valle dei Ratti
Cima del Desenigo 2845
San Bartolomeo
Monte Erbea 2430
2640
Lombardia
Peledo
Dascio
San Fedele
Monte Bassetta
Cima di Malvedello
Cevo
Bugiallo
Ris. Nat. Pian di Spagna e L. di Mezzola
1746
Monte Sciesa 2487
Prati Brusada
Prati Ovest
Caspano
Sorico
Gera Lario
il Passo
Nuova Olonio
1109
la Piazza
Cercino
Roncaglia
Poira
Dazio
Culmine di Dazio
Piano di Spagna
Fiume Adda
Dubino (223)
Cino
Bioggio
Piussogno
Mello
Civo
Serone
Campovico
402
Forte Fuentes
Sant' Agata
Mantello
38
Traona
Morbegno (262)
Desco
Curcio
Piantedo
Delebio (218)
Andalo Valtellino
Rogolo
Cosio
Piagno
Regoledo
Talamona
San Gregorio
Cosio Valtellino (231)
Arzo
Sacco
Valle
Mellarolo
Villatico
Colonnuova
Valle Lesina
Monte Pecoraro 1714
Monte Olano 1702
Rasura
Berna
Albaredo Per San Marco
Monte Bassetta
Rifugio Roccoli
Monte Legnone 2609
Dosso 1909
Torrente Lesina
Parco
406
Valle del Bitto di Gerola
Pizzo Berro 1847
Alpe Vesina
Aveno
Monte Rosetta 2360
Pedesina
Pizzo Alto 2518
delle
Pizzo Rotondo 2495
Ravizze
Nasonico
Rifugio Pizzo Alto 2512
Castello
Vallone del Bitto
4 km
2.49 mi
Pagnona
Orobie
Gerola Alta
Fenile
Valtellinesi
Premana (1000)
Pizzo Mellasc 2465
Monte Verrobbio 2139
Somadino
Valle Varrone
Casargo
Torrente Varrone
Pescegallo
Lago di Pescegallo
San Marco
Margno
143
Lago di Trona
Monte Ponteranica

A
B
C
132
1
2
3
4
5
6
Castiglione
Cimamulera
Piedimulera
Ponte del Masone
Pizzo Proman
2098
Val d'Ossola
Torrente Anza
Calasca
Gozzi
Fomarco
Pieve Vergonte
(232)
Dresio
Cippo a Geo Chavez
Vogogna
(226)
Colloro
Premosello Chiovenda
(222)
Cuzzago
Nibbio
Fiume Toce
Loro
Rumianca
Megolo-di Cima
Megolo-di Fondo
Oasi Naturale del Bosco Tenso
Anzola d'Ossola
(210)
Migiandone
Teglia
4 km
2,49 mi
Pizzo Camino
2148
2263
Corno di Scarpignano
Ornavasso
(213)
(475)
Rifugio Legnano
Rifugio Gravellona Toce
(1532)
Rio San Carlo
Monte Ventolaro
1892
Punta dell'Usciolo
2187
2161
Monte Massone
Rifugio Oliva
Cima Capezzone
2421
Parco Regionale Alta Valsesia
Campello Monti
1305
Preia
Forno
892
Otra
Rosarolo
Piano di Forno
Monte Cerano
1702
Pedemo
Torrente Strona
Valle Strona
Massiola
(772)
Luzzogno
690
Casale Corte Cerro
Rimella
(1176)
San Gottardo
Monte Capio
2172
Sambughetto
Strona
Chesio
Loreglia
Piano
Fomero
(525)
Prelo
719
Montebuglio
Germagno
299
Grondo
Costa
Fobello
(873)
Massa del Turlo (Giandolino)
1959
Crusinallo
Gula
774
Monte Mazzocone
1424
Monte Croce
1643
Erbareti
Piemonte
Quarna Sopra
(860)
Cireggio
Torrente Mastallone
Valbella Inferiore
Ferrera
Salaro
1509
Monte Ostano
le Piane
1219
(802)
Quarna Sotto
Brolo
429
Grassura
Brugaro
(728)
Sabbia
615
Bocciolaro
Corte e Costa
Pianaronda
Cravagliana
Gula
543
Cervarolo
Rolate
Camasco
752
Nonio
(476)
4
Bettola
506
Vocca
Barattina
Verzimo
Cesara
(500)
229
299
Chiesa
299
Isola
Valmaggia
Arboerio
Sacro Monte
919
Moronda
Monte Piogera
1249
Ronco Inferiore
Lago d'Orta (Cusio)
Santa Maria d. Grazie
Ris. Nat. del Sacro Monte di Varallo
Morca
Scopello
Sacro Monte
Crosa
1221
Grassona
Rondo
Varallo
(450)
Crevola Sesia
Giare
Civiasco
(716)
942
la Colma
Arola
615
Egro
Pella
(305)
602
Artocentonara
Madonna del Sasso
(696)
Boleto
Alzo
Santuario
Isola San Giulio
Becco
1630
d'Ovaga
Rifugio Oranzio Spanna
(680)
Parone
604
Roccapietra
Monte Briasco
1185
Locarno
Cavaglia
1136
Briallo
Lagna
San Maurizio d'Opaglio
(373)
Ris. Nat. della Torre di Buccione
Castello di Gavala
1827
Castagneia
875
406
Doccio
Vico
Quarona
(406)
Breia
(809)
Berzonno
Torlacqua
Prerro
Valpiana
Rifugio Gilodi
(1200)
1386
Monte Tovo
Foresto Sesia
551
Carega
Cellio
(685)
Pogno
(461)
Torrente Strona di Postua
Santuario del San Bernardo
Bastia
Vanzone
Isolella
Caneto
Mollie
Tairano di gua
Zuccaro
Rastiglione
599
Valico Cremosina
Soriso
(452)
Madonna della Gelata
Calco Inferiore
Agnona
Cravo
Plello
Invozio
Torrente Strona
Valduggia
(390)
Soliva
Roncole
Borgosesia
(354)
Parco Naturale del Monte Fenera
Alpe di Noveis
1144
Postua
(459)
Riva
Aranco
Montrigone
Castagnolo
(749)
Biolla
Ailoche
(569)
Guardabosone
(479)
Bettole
Ara
(586)
Isella
Maggiora
Rivo
(460) Chiesa
Coggiola
Caprile
Crevacuore

133

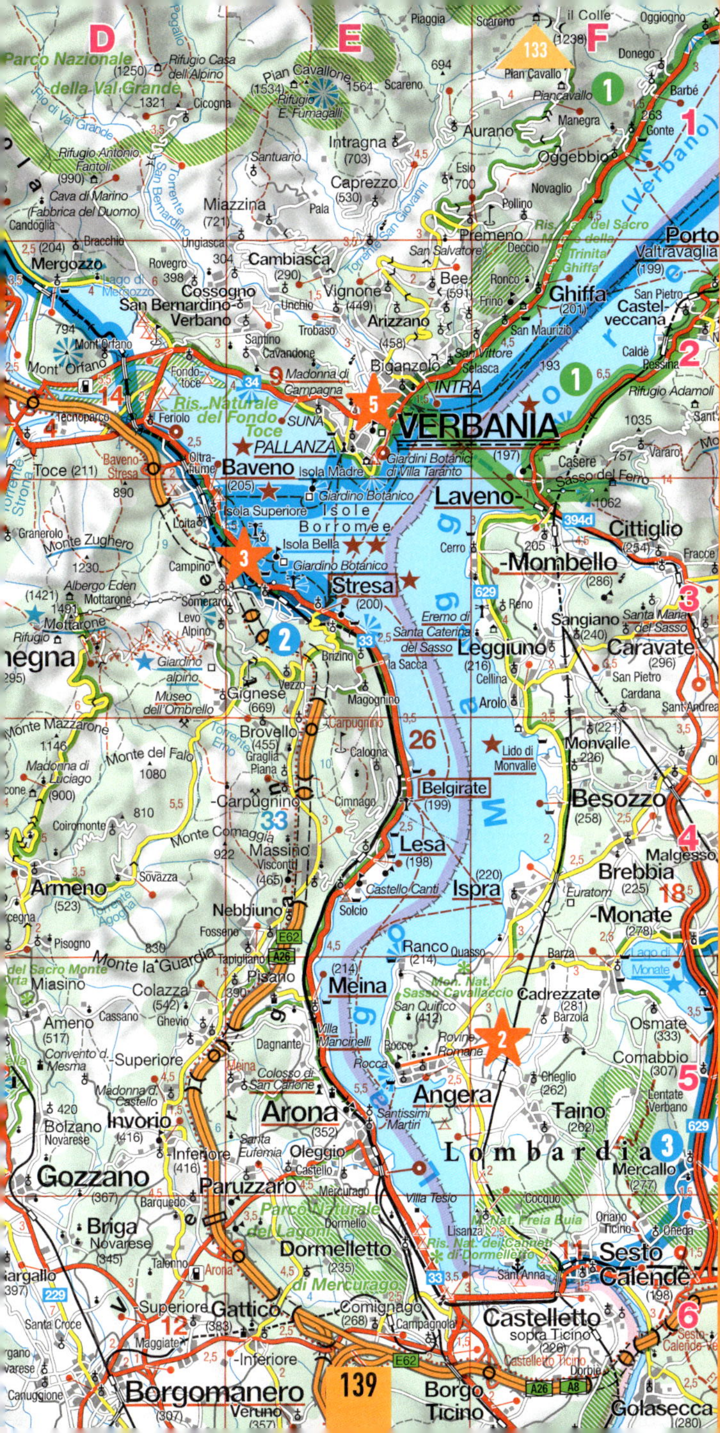
D
E
F
Parco Nazionale della Val Grande
Rifugio Casa dell'Alpino
Cicogna
Rifugio Antonio Fantoli
Cava di Marmo (Fabbrica del Duomo)
Candoglia
Pian Cavallone
Rifugio E. Fumagalli
Scareno
Intragna
Caprezzo
Miazzina
Pala
Piaggia
il Colle
Oggiogno
Pian Cavallo
Piancavallo
Donego
Barbè
Manegra
Aurano
Oggebbio
Gonte
Esio
Novaglio
Pollino
Premeno
Deccio
Ris. Nat. del Sacro Monte della Trinità Ghiffa
Porto Valtravaglia
Mergozzo
Lago di Mergozzo
Bracchio
Rovegro
Ungiasca
Cambiasca
San Salvatore
Bee
Ronco
Ghiffa
Castelveccana
San Pietro
Cossogno
San Bernardino-Verbano
Unchio
Vignone
Arizzano
Frino
San Maurizio
Trobaso
Caldè
Pessina
Mont'Orfano
Santino
Cavandone
Madonna di Campagna
Biganzolo
San Vittore
Selasca
INTRA
Rifugio Adamoli
Fondotoce
Feriolo
Tecnoparco
Ris. Naturale del Fondo Toce
SUNA
VERBANIA
PALLANZA
Giardini Botanici di Villa Taranto
Casere
Vararo
Sasso del Ferro
Toce
Baveno-Stresa
Oltrefiume
Baveno
Isola Madre
Laveno-
Giardino Botanico
Isola Superiore
Isole Borromee
Cittiglio
Loita
Granerolo
Monte Zughero
Isola Bella
Cerro
-Mombello
Fracce
Campino
Giardino Botanico
Stresa
Albergo Eden
Mottarone
Someraro
Levo
Alpino
Reno
Eremo di Santa Caterina del Sasso
Sangiano
Santa Maria del Sasso
Rifugio
Leggiuno
Caravate
Brizino
la Sacca
Cellina
San Pietro
Cardana
Giardino alpino
Museo dell'Ombrello
Gignese
Vezzo
Magognino
Arolo
Sant'Andrea
Monte Mazzarone
Brovello
Graglia Piana
Carpugnino
Calogna
Monvalle
Madonna di Luciago
Monte del Falò
Lido di Monvalle
Belgirate
Besozzo
-Carpugnino
Cimnago
Coiromonte
Monte Comaggia
Massino Visconti
Lesa
Malgesso
Brebbia
Armeno
Sovazza
Torrente Agogna
Castello Canti
Ispra
Euratom
-Monate
Nebbiuno
Fosseno
Solcio
Pisogno
Monte la Guardia
Tapigliano
Pisano
Ranco
Quassa
Barza
Lago di Monate
del Sacro Monte Orta
Miasino
Colazza
Meina
Mon. Nat. Sasso Cavallaccio
Cadrezzate
Barzola
Ameno
Cassano
Ghevio
San Quirico
Osmate
Convento d. Mesma
-Superiore
Dagnante
Villa Mancinelli
Rocco
Rovine Romane
Comabbio
Madonna d. Castello
Meina
Colosso di San Carlone
Rocca
Cheglio
Lentate Verbano
Bolzano Novarese
Invorio
Arona
Santissimi Martiri
Angera
Taino
Gozzano
-Inferiore
Santa Eufemia
Oleggio Castello
Lombardia
Mercallo
Briga Novarese
Barquedo
Paruzzaro
Mercurago
Villa Tesio
Cocquo
Parco Naturale dei Lagoni di Mercurago
Dormello
Mon. Nat. Preia Buia
Oriano Ticino
Oneda
Dormelletto
Lisanza
Ris. Nat. dei Canneti di Dormelletto
Sesto Calende
Taloono
Arona
Sant'Anna
Superiore
Gattico
Comignago
Castelletto sopra Ticino
Campagnola
Santa Croce
Maggiate
-Inferiore
Castelletto Ticino
Sesto Calende-Ve
Dorbie
Borgomanero
Veruno
Borgo Ticino
Golasecca
Canuggione
E62
A26
A8

134

Luino
Germignaga
Porto Valtravaglia
Castelveccana
Lago Maggiore (Verbano)
Cannero Riviera
Castelli di Cannero
Dumenza
Astano
Creva
Cremenaga
Montegrino Valtravaglia
Ponte Tresa
Cugliate Fabiasco
Marchirolo
Cunardo
Mesenzana
Brissago Valtravaglia
Cassano Valcuvia
Ferrera di Varese
Masciago Primo
Rancio Valcuvia
Lombardia
Monte Nudo
Arcumeggia
Casalzuigno
Duno
Cittiglio
Cuveglio
Cuvio
Castello Cabiaglio
Brinzio
Valganna
Azzio
Brenta
Gemonio
Orino
Parco del Campo dei Fiori
Monte Martica
Arcisate
Caravate
Trevisago
Cocquio-Trevisago
Gavirate
Comerio
Campo dei Fiori
Santa Maria del Monte
Induno Olona
Besozzo
Bardello
Malgesso
Brebbia
Luvinate
Barasso
Casciago
Varese
Lago di Biandronno
Biandronno
Bregano
Lago di Varese
Monate
Travedona-Monate
Ternate
Cazzago Brabbia
Buguggiate
Schianno
Gazzada
Cadrezzate
Osmate
Comabbio
Varano Borghi
Daverio
Azzate
Morazzone
Lago di Comabbio
Casale Litta
Crosio della Valle
Castronno
Castiglione Olona
Mercallo
Mornago
Sumirago
Caronno Varesino
Sesto Calende
Vergiate
Albizzate
Carnago
Jerago con Orago
Solbiate Arno
Golasecca
Besnate
Cavaria con Premezzo
Oggiona con Santo Stefano
Parco Lombardo della Valle del Ticino

D
E
F
Massagno
Savosa
Pregassona
Viganello
Monte Brè
Brè
Albogasio
Oria
S. Mamete
Cressogno
Cima
135
Santa Giulia
Grotte di Rescia
Monte di Lenno
1589
1
4 km
2.49 mi
Breganzona
LUG
Muzzano
Castagnola
Villa Favorita
Gandria
Osteno
Santa Margherita
Claino
LUGANO
Lugano-Sud
Montagnola
Paradiso
Pazzallo
Monte San Salvatore
Caprino
Monte Caməo
Lanzo d'Intelvi
Ramponio
Scaria
Laino
Ponna
Torrente Livone
Costone
Campione d'Italia
Sighignola
Piano d. Noci
Pellio Intelvi
San Fedele Intelvi
Lura
Blessagno
Agra
Grancia
Carabietta
Bissone
Arogno
Castiglione d'Intelvi
Dizzasco
Pigra
Cadepiano
San Giorgio
Carona
Santa Maria di Torello
Melide
Swissminiatur
Rifugio Bocca d. Orimento
Rif. G. Bruno
Veglio
Cerano d'Intelvi
Argegno
2
Figino
Arbostora
Maroggia
Monte Sant'Agata
Rovio
Casasco d'Intelvi
San Zeno
Rifugio Monte Crocione
Monte Generoso
Erbonne
Aurascio
Malobbio
Occagno
Retegno
Vico-Morcote
Morcote
Brusino-Arsizio
Scudellate
Schignano
Almano
32
Brienno
Monte San Giorgio
Melano
8
Roncapiano
Serpiano
Capolago
Baptistère
Riva San Vitale
Bellavista
Ticino
Muggio
Sasso Gordona
Cetto
San Vittore
Torriggia
Porto Ceresio
SVIZZERA
Cabbio
Casima
San Bernardo
3
Besano
Meride
Tremona
Mendrisio
Monte
Bruzella
Laglio
Saltrio
Arzo
Somazzo
Breggia
Monte Bisbino
Caneggio
Carate-Urio
Viggiù
Besazio
Rancate
Salorino
Castel San Pietro
Moltrasio
Riva
Clivio
Ligornetto
Villa
Morbio Superiore
Morbio Inferiore
Sagno
Villa Pliniana
Stabio
Genestrerio
Gorla
Balerna
Rovenna
Torno
Coldrerio
Chiasso
Vacallo
Maslianico
Porto
Perlasca
Villa d'Este
Blevio
Castello d'Ardona
Monte Bolettone
Bizzarone
Brusata
Novazzano
CHIASSO
Bregeda
Como-Nord
Cernobbio
Mon. Naturale Pietra Pendula
San Maurizio
Rodero
Uggiate-Trevano
Ronago
Ponte Chiasso
Seseglio
Pedrinate
Tavernola
Faro Voltiano
Brunate
10
Casanova
Valmorea
Gaggino
Drezzo
Cavallasca
Villa Olmo
Broletto
Duomo
Civiglio
Cagno
Caversaccio
Parco Regionale Spina Verde
Pare
San Fermo della Battaglia
Sant'Abbondio
Museo Civico
Ponzate
Albiolo
Faloppio
Camnago al Piano
COMO
Camnago Volta
Solzago
Gironico al Monte
Lora
Camerlata
Urago
Solbiate
Montano-Lucino
Breccia
Bebbio
Castello di Baradello
Lipomo
San Salvatore
Olgiate Comasco
Albate
Montorfano
Rongio
Villa Guardia
Como-Sud
Grandate
Ris. Naturale Lago di Montorfano
Figliaro
Lurate-Caccivio
Castello
Trecallo
Bernate
Como Est
Senna Comasco
5
Castelnuovo Bozzente
Beregazzo
Luisago
Portichetto
Casi del Bassone
Oltrona di San Mamette
Cassina Rizzardi
Casnate con Bernate
Parco della
Superiore
Navedano
Sant'Antonio
Venegono-
Bulgarograsso
Fino Mornasco
Cucciago
San Bartolomeo
Parco della Pineta di Appiano Gentile e Tradate
Seminario Pio XI
Appiano Gentile
Guanzate
Vertemate con-Minoprio
Brughiera
CANTÙ
Tradate
Bulgorello
Cadorago
Valle del Torrente Lura
Villa Calvi
Montesolaro
6
Veniano
Minoprio
Caslino al Piano
Asnago
Abbiate Guazzone
Lurago Marinone
Lomazzo
Puginate
Carimate
Bernardo
Locate Varesino
Fenegro
Bregnano
Cermenate
Novedate

A
B
C
136
Menaggio
Castello di Vezio
Varenna
Bellagio
Villa Carlotta
Villa Serbelloni
Tremezzo
Mezzegra
Lenno
Villa Arconati
Ossuccio
Colonno
Blessagno
Pigra
Dizzasco
Argegno
Lezzeno
Brienno
Nesso
Zelbio
Veleso
Pognana Lario
Faggeto Lario
Torno
Castello d'Ardona
Villa Pliniana
Riva
Monte di Lenno
Rifugio Venini
Monte di Tremezzo
Rifugio Boffalora
Monte San Primo
Monte Poncive
Magreglio
Barni
Civenna
Oliveto Lario
Limonta
Lierna
Mandello del Lario
Abbadia Lariana
Onno
Vassena
Monte Oriolo
Lasnigo
Valbrona
Sormano
Caglio
Asso
Rezzago
Canzo
Caslino d'Erba
Ponte Lambro
Castelmarte
Proserpio
Longone al Segrino
Lago di Segrino
Eupilio
Pusiano
Erba
Bosisio Parini
Cesana Brianza
Suello
Civate
Valmadrera
Monte Cornizzolo
Monte Rai
Corni di Canzo
Lago di Annone
Annone di Brianza
Oggiono
Molteno
Sirone
Garbagnate Monastero
Barzago
Castello di Brianza
Sirtori
Cremella
Barzanò
Cassago Brianza
Bulciago
Nibionno
Veduggio con Colzano
Renate
Monticello Brianza
Besana in Brianza
Briosco
Rogeno
Merone
Costa Masnaga
Monguzzo
Lambrugo
Lurago d'Erba
Inverigo
Arosio
Giussano
Mariano Comense
Carugo
Figino Serenza
Carimate
Novedate
Cantù
Brenna
Alzate Brianza
Orsenigo
Anzano del Parco
Alserio
Lago di Alserio
Albavilla
Albese con Cassano
Tavernerio
Lipomo
Montorfano
Lago di Montorfano
Capiago-Intimiano
Senna Comasco
Monte Boletto
San Maurizio
Monte Bisbino
Lago di Como
Lago di Lecco
Mon. Naturale Pietra Pendula
Mon. Nat. Pietra Lentina
Mon. Nat. Pietra Luna
Madonna del Ghisallo
Parco della Valle del Lambro
Parco Brughiera
Ris. Nat. Lago di Alserio
Ris. Nat. Sasso Malascarpa
4 km
2.49 mi

137

D
E
F
1
2
3
4
5
6
Cimone di Margno
Crandola
1801
Valsassina
Rifugio Santa Rita
Pizzo Varrone
2325
Rifugio Falc
Lago dell' Inferno
Pizzo Cornagiera
2049
Rifugio Bocca di Biandino
Pizzo dei Tre Signori
2554
Monte Avaro
2088
Piani d.Avaro
Rifugio
2378
Bindo
Torrente Pioverna
Rifugio Grassi
Monte Foppabona
2082
Parco delle Orobie Bergamasche
Cusio
Ornica
1466
Pizzo di Cusio
Prato San Pietro
Cortabbio
Primaluna
Barcone
Cantello
Rava
Santa Brigida
Vimogno
Introbio
Valtorta
San Calimero
Rifugio Riva
Cima del Palone
2082
Piani di Bobbio
Corna Grande
2089
Cassiglio
Val Torta
Valsassina
Baiedo
Grigna Settentrionale
2410
Rifugio Ratti
1662
Cima di Piazzo
2057
Zuccone Campelli
2159
Barzio
Pizzo Baciamorti
2009
Monte Aralalta
2006
Cavallo
Rifugio Brioschi
Rifugio Tedesch
1428
Pasturo
Concenedo
Rifugio Cazzaniga
2010
Buco di Grigna
1803
Sacro Cuore
Cremeno
Moggio
Rifugio Casari
Monte Sadadura
Monte Venturosa
1999
Grigna meridionale
2184
Rifugio Castelli
1649
Balisio
Valsassina
Rosalba
Rifugio Albergo
Maggio
1663
Zucco di Maesimo
1835
Monte Cancervo
Rifugio S.E.M.
Colle di Balisio
1426
C.Porta
Piani Resinelli
1381
Culmine San Pietro
1254
San Pietro
Como Zuccone
1458
Grasso
Boccheta Bertena
1666
Reggetto
Pizzino
Taleggio
Parco Valentino del T.C.I.
Avolasio
Sottochiesa
Superiore
Ballabio Inferiore
Cima di Muschiada
1458
Vedeseta
Torrente Enna
Monte Coltignone
1474
Olda
Lavina
Val Taleggio
Zuccaro
Peghera
Monte San Martino
1249
LAORCA
Bonacina
Morterone
Piani d' Erna
Canti
1563
RANCIO
VERSASIO
Resegone di Lecco
MALAVEDO
MALNAGO
Monte Sornadello
1580
CASTELLO
ACQUATE
1875
Monte Serrada
Rifugio Azzoni
Villa Manzoni
GERMANEDO
Brumano
Fuipiano
Valle Imagna
Gerosa
LECCO
Frontale
PESCARENICO
Pescate
BELLEDO
Il Pizzo
1286
(214)
Rota Dentro
Rota d'Imagna
Locatello
Blello
1424
Castello
Rotafuori
MAGGIANICO
BARCO
CHIUSO
Molini
Corna Imagna
Cadelfoglia
Insirano
Lago di Garlate
Valsecca
Botta
Sant Omobono Terme
Selino Alto
Berbenno
(665)
(432)
Brembilla
Galbiate
(205)
(198)
Rocca dell'Innominato
Erve
Mazzoleni
Sant'Omobono Terme
Garlate
Vercurago
(225)
Somasca
Laxolo
Ceresola
Mozzana
Carenno
Rossino
Costa
Valle Imagna
Coma Marcia
1333
Parco
Vergana
Olginate
(208)
Ca'Cadé
Calolziocorte
Bedulita
Villa
Santa Maria la Vite
Consonno
14
Lorentino
(241)
Sopracornola
Sogno
1250
Colle di Sogno
Capizzone
Ubiale-
Favirano
San Gottardo
Valcava
Monte Linzone
1392
Torrente Imagna
Val Imagna
Dozio
S. Genesio
Valgreghentino
Torre de'Busi
Amagno
Strozza
895
Monte Crocione
877
Colle
Monte Marenzo
(302)
36
Roncola
Clanezzo
Ravellino
Genesio
Campsirago
Parco
25
Opreno
Burligo
Perlupario
Albenza
(324)
San Gregorio
Sant'Antonio d'Adda
-San Salvatore
(299)
Villa d'Almè
Palazzago
Airuno
(221)
Celana
Brocchione
Almenno
Glovenzana
Brianza
Caprino Bergamasco
(310)
-San Bartolomeo
Santa Maria Hoè
Mondonico
Beverate
Brivio
(208)
(588)
Rovagnate
(371)
Cisano Bergamasco
Pontida
Barzana
Cascine
Almè
Canova
Odiago
Gromlongo
Olgiate Molgora
Calco
(283)
(268)
18
Canto
Monte Canto
710
Cerchiera
Paladina
(285)
Riserva Nat. Lago di Sartirana
Abbazia di Fontanella
Somasca
Brembate di Sopra
Sartirana
Cicognola
Villa d'Adda
(286)
Ambivere
342
(271)
Bagaggera
Madonna del Bosco
Parco dell'Adda
Sotto il Monte Giovanni XXIII
Mapello
Parco faunistico le cornelle
Scano al Brembo
Montevecchia
Merate
(292)
Imbersago
Carvico
Robbiate
(273)
Pratolongo
Piana
Locate
(250)
Bergamasco
Valtrighe
Ponte San Pietro

KARTENLEGENDE

Autobahn · Gebührenpflichtige Anschlussstelle · Gebührenstelle · Anschlussstelle mit Nummer · Rasthaus mit Übernachtung · Raststätte · Kleinraststätte · Tankstelle · Parkplatz mit und ohne WC	Trento 11 P P	Motorway · Toll junction · Toll station · Junction with number · Motel · Restaurant · Snackbar · Filling-station · Parking place with and without WC
Autobahn in Bau und geplant mit Datum der voraussichtlichen Verkehrsübergabe	Datum Date	Motorway under construction and projected with expected date of opening
Zweibahnige Straße (4-spurig)		Dual carriageway (4 lanes)
Fernverkehrsstraße · Straßennummern	14 E45	Trunk road · Road numbers
Wichtige Hauptstraße		Important main road
Hauptstraße · Tunnel · Brücke		Main road · Tunnel · Bridge
Nebenstraßen		Minor roads
Fahrweg · Fußweg		Track · Footpath
Wanderweg (Auswahl)		Tourist footpath (selection)
Eisenbahn mit Fernverkehr		Main line railway
Zahnradbahn, Standseilbahn		Rack-railway, funicular
Kabinenschwebebahn · Sessellift		Aerial cableway · Chair-lift
Autofähre · Personenfähre		Car ferry · Passenger ferry
Schifffahrtslinie		Shipping route
Naturschutzgebiet · Sperrgebiet		Nature reserve · Prohibited area
Nationalpark · Naturpark · Wald		National park · natural park · Forest
Straße für Kfz. gesperrt		Road closed to motor vehicles
Straße mit Gebühr		Toll road
Straße mit Wintersperre	XII-II	Road closed in winter
Straße für Wohnanhänger gesperrt bzw. nicht empfehlenswert		Road closed or not recommended for caravans
Touristenstraße · Pass	Weinstraße 1510	Tourist route · Pass
Schöner Ausblick · Rundblick · Landschaftlich bes. schöne Strecke		Scenic view · Panoramic view · Route with beautiful scenery
Heilbad · Schwimmbad		Spa · Swimming pool
Jugendherberge · Campingplatz		Youth hostel · Camping site
Golfplatz · Sprungschanze		Golf-course · Ski jump
Kirche im Ort, freistehend · Kapelle		Church · Chapel
Kloster · Klosterruine		Monastery · Monastery ruin
Synagoge · Moschee		Synagogue · Mosque
Schloss, Burg · Schloss-, Burgruine		Palace, castle · Ruin
Turm · Funk-, Fernsehturm		Tower · Radio-, TV-tower
Leuchtturm · Kraftwerk		Lighthouse · Power station
Wasserfall · Schleuse		Waterfall · Lock
Bauwerk · Marktplatz, Areal		Important building · Market place, area
Ausgrabungs- u. Ruinenstätte · Bergwerk		Arch. excavation, ruins · Mine
Dolmen · Menhir · Nuraghen		Dolmen · Menhir · Nuraghe
Hünen-, Hügelgrab · Soldatenfriedhof		Cairn · Military cemetery
Hotel, Gasthaus, Berghütte · Höhle		Hotel, inn, refuge · Cave
Kultur		**Culture**
Malerisches Ortsbild · Ortshöhe	WIEN (171)	Picturesque town · Elevation
Eine Reise wert	★★ MILANO	Worth a journey
Lohnt einen Umweg	★ TEMPLIN	Worth a detour
Sehenswert	Andermatt	Worth seeing
Landschaft		**Landscape**
Eine Reise wert	★★ Las Cañadas	Worth a journey
Lohnt einen Umweg	★ Texel	Worth a detour
Sehenswert	Dikti	Worth seeing
MARCO POLO Erlebnistour 1		**MARCO POLO Discovery Tour 1**
MARCO POLO Erlebnistouren		**MARCO POLO Discovery Tours**
MARCO POLO Highlight	1	**MARCO POLO Highlight**

FÜR IHRE NÄCHSTE REISE ...

ALLE **MARCO POLO** REISEFÜHRER

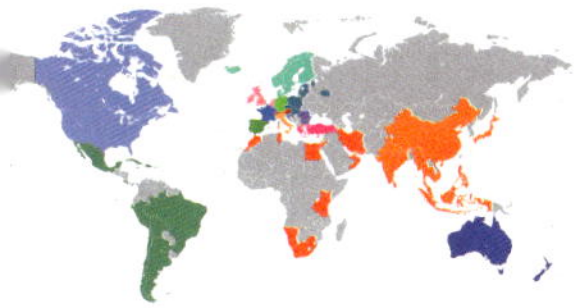

DEUTSCHLAND
Allgäu
Bayerischer Wald
Berlin
Bodensee
Chiemgau/ Berchtesgadener Land
Dresden/ Sächsische Schweiz
Düsseldorf
Eifel
Erzgebirge/ Vogtland
Föhr & Amrum
Franken
Frankfurt
Hamburg
Harz
Heidelberg
Köln
Lausitz/Spreewald/ Zittauer Gebirge
Leipzig
Lüneburger Heide/ Wendland
Mecklenburgische Seenplatte
Mosel
München
Nordseeküste Schleswig-Holstein
Oberbayern
Ostfriesische Inseln
Ostfriesland/Nordseeküste Niedersachsen/Helgoland
Ostseeküste Mecklenburg-Vorpommern
Ostseeküste Schleswig-Holstein
Pfalz
Potsdam
Rheingau/ Wiesbaden
Rügen/Hiddensee/ Stralsund
Ruhrgebiet
Schwarzwald
Stuttgart
Sylt
Thüringen
Usedom/Greifswald
Weimar

ÖSTERREICH SCHWEIZ
Kärnten
Österreich
Salzburger Land
Schweiz
Steiermark
Tessin
Tirol
Wien
Zürich

FRANKREICH
Bretagne
Burgund
Côte d'Azur/ Monaco
Elsass
Frankreich
Französische Atlantikküste
Korsika
Languedoc-Roussillon
Loire-Tal
Nizza/Antibes/ Cannes/Monaco
Normandie
Paris
Provence

ITALIEN MALTA
Apulien
Dolomiten
Elba/Toskanischer Archipel
Emilia-Romagna
Florenz
Gardasee
Golf von Neapel
Ischia
Italien
Italienische Adria
Italien Nord
Italien Süd
Kalabrien
Ligurien/ Cinque Terre
Mailand/ Lombardei
Malta & Gozo
Oberital. Seen
Piemont/Turin
Rom
Sardinien
Sizilien/ Liparische Inseln
Südtirol
Toskana
Venedig
Venetien & Friaul

SPANIEN PORTUGAL
Algarve
Andalusien
Azoren
Barcelona
Baskenland/ Bilbao
Costa Blanca
Costa Brava
Costa del Sol/ Granada
Fuerteventura
Gran Canaria
Ibiza/Formentera
Jakobsweg Spanien
La Gomera/ El Hierro
Lanzarote
La Palma
Lissabon
Madeira
Madrid
Mallorca
Menorca
Portugal
Spanien
Teneriffa

NORDEUROPA
Bornholm
Dänemark
Finnland
Island
Kopenhagen
Norwegen
Oslo
Schweden
Stockholm
Südschweden

WESTEUROPA BENELUX
Amsterdam
Brüssel
Cornwall & Devon
Dublin
Edinburgh
England
Flandern
Irland
Kanalinseln
London
Luxemburg
Niederlande
Niederländische Küste
Oxford
Schottland
Südengland

OSTEUROPA
Baltikum
Budapest
Danzig
Krakau
Masurische Seen
Moskau
Plattensee
Polen
Polnische Ostseeküste/ Danzig
Prag
Slowakei
St. Petersburg
Tallinn
Tschechien
Ungarn
Warschau

SÜDOSTEUROPA
Bulgarien
Bulgarische Schwarzmeerküste
Kroatische Küste Dalmatien
Kroatische Küste Istrien/Kvarner
Montenegro
Rumänien
Slowenien

GRIECHENLAND TÜRKEI ZYPERN
Athen
Chalkidikí/ Thessaloníki
Griechenland Festland
Griechische Inseln/ Ägäis
Istanbul
Korfu
Kos
Kreta
Peloponnes
Rhodos
Sámos
Santorin
Türkei
Türkische Südküste
Türkische Westküste
Zákinthos/Itháki/ Kefalloniá/Léfkas
Zypern

NORDAMERIKA
Chicago und die Großen Seen
Florida
Hawai'i
Kalifornien
Kanada
Kanada Ost
Kanada West
Las Vegas
Los Angeles
New York
San Francisco
USA
USA Ost
USA Südstaaten/ New Orleans
USA Südwest
USA West
Washington D.C.

MITTEL- UND SÜDAMERIKA
Argentinien
Brasilien
Chile
Costa Rica
Dominikanische Republik
Jamaika
Karibik/ Große Antillen
Karibik/ Kleine Antillen
Kuba
Mexiko
Peru & Bolivien
Yucatán

AFRIKA UND VORDERER ORIENT
Ägypten
Djerba/ Südtunesien
Dubai
Iran
Israel
Jordanien
Kapstadt/ Wine Lands/ Garden Route
Kapverdische Inseln
Kenia
Marokko
Marrakesch
Namibia
Oman
Rotes Meer & Sinai
Südafrika
Tansania/Sansibar
Tunesien
Vereinigte Arabische Emirate

ASIEN
Bali/Lombok/Gilis
Bangkok
China
Hongkong/Macau
Indien
Indien/Der Süden
Japan
Kambodscha
Ko Samui/ Ko Phangan
Krabi/ Ko Phi Phi/ Ko Lanta/Ko Jum
Malaysia
Myanmar
Nepal
Peking
Philippinen
Phuket
Shanghai
Singapur
Sri Lanka
Thailand
Tokio
Vietnam

INDISCHER OZEAN UND PAZIFIK
Australien
Malediven
Mauritius
Neuseeland
Seychellen

Viele MARCO POLO Reiseführer gibt es auch als eBook – und es kommen ständig neue dazu! Checken Sie das aktuelle Angebot einfach auf: www.marcopolo.de/e-books

REGISTER

Im Register sind alle in diesem Reiseführer erwähnten Orte und Ausflugsziele verzeichnet. Gefettete Seitenzahlen verweisen auf den Haupteintrag.

SCHREIBEN SIE UNS!

Egal, was Ihnen Tolles im Urlaub begegnet oder Ihnen auf der Seele brennt, lassen Sie es uns wissen! Ob Lob, Kritik oder Ihr ganz persönlicher Tipp – die MARCO POLO Redaktion freut sich auf Ihre Infos.
Wir setzen alles dran, Ihnen möglichst aktuelle Informationen mit auf die Reise zu geben. Dennoch schleichen sich manchmal Fehler ein – trotz gründlicher Recherche unserer Autoren/innen. Sie haben sicherlich Verständnis, dass der Verlag dafür keine Haftung übernehmen kann.

MARCO POLO Redaktion
MAIRDUMONT
Postfach 31 51
73751 Ostfildern
info@marcopolo.de

IMPRESSUM
Titelbild: Blick von Ronco sopra Ascona auf den Lago Maggiore (Look: H. Wohner)
Fotos: W. Dieterich (4 o., 4 u., 8, 20/21, 29, 31, 39, 56/57, 68, 74/75); DuMont Bildarchiv: Krewitt (118 o.), Schneider/Will (116/117), F. Werner (73), E. Wrba (10); © fotolia.com: Marco Mayer (19 o.); Getty Images: M. Silvan (18 o.); Getty Images/ EyeEm: Y. Jiang (19 u.); Getty Images/AWL Images (96/97); Getty Images/Cultura (108/109); O. Gisler (1 u.); huber-images: M. Carassale (117), G. Croppi (11), S. Eigstler (42), A. Friedel (83, 90), G. Gräfenhain (5, 45, 102/103); M. Kirchgessner (28 l., 119, 130/131); Laif: F. Blickle (26/27), M. Galli (17, 63, 65), I. Kürschner (32/33, 52/53), Modrow (Klappe l., 60), B. Steinhilber (76, 81), C. Zahn (2); Laif/hemis.fr (116); Laif/Keystone Schweiz (58), Bally (36/37); Look: C. Jorda (22/23), D. Steuerwald (18 u.), F. Werner (14), H. Wohner (1 o.); mauritius images: Chassot (47); mauritius images/age (94), Y. Aziz (34); mauritius images/Alamy: R. Sala (6), M. Secchi (78), M. Ventura (30); mauritius images/ClickAlps (84); mauritius images/imageBROKER: L. Rayton (12/13); mauritius images/prisma: C. Sonderegger (70/71, 107); mauritius images/SFM GM WORLD/Alamy (87); mauritius images/SFM Stock 4/Alamy (25); mauritius images/Westend61: W. Dieterich (66/67); picture-alliance/prisma: P. Möhl (55); picture-alliance/WaterFrame: M. Zanni (48); Schapowalow/SIME: S. Raccanello (89), S. Scatà (18 M.); vario images: M. Semann (7); vario images/AGF Creative (114); vario images/imageBROKER (112/113); vario images/RHPL (9, 110); vario images/Westend61 (28 r.); E. Wrba (Klappe r., 15, 30/31, 41, 50, 93, 118 u.)

14., aktualisierte Auflage 2019

Autoren: Manuschak Karnusian/Jürg Steiner; Bearbeiter: Omar Gisler; Redaktion: Nikolai Michaelis
Bildredaktion: Stefanie Wiese; Im Trend: wunder media, München/Omar Gisler
Kartografie Reiseatlas und Faltkarte: © MAIRDUMONT, Ostfildern
Gestaltung Cover, S. 1, Faltkartencover: Karl Anders – Studio für Brand Profiling, Hamburg; Gestaltung innen: milchhof:atelier, Berlin; Gestaltung S. 2/3, Erlebnistouren: Susan Chaaban Dipl.-Des. (FH)
Sprachführer: in Zusammenarbeit mit Ernst Klett Sprachen GmbH, Stuttgart, Redaktion PONS Wörterbücher

Printed in Italy

FSC www.fsc.org
MIX
Paper from responsible sources
FSC® C015829

BLOSS NICHT

Tipps, die Ihnen helfen, unangenehme Situationen zu vermeiden

FAKES KAUFEN

Wer auf italienischen Märkten oder bei fliegenden Händlern gefälschte Markenartikel erwirbt und damit erwischt wird, muss mit empfindlichen Bußen rechnen, die vierstellige Eurobeträge erreichen können. Die italienische Polizei kontrolliert in Urlaubsgebieten besonders scharf.

IMMER GLEICH DEUTSCH SPRECHEN

Im Gebiet der Oberitalienischen Seen hat man sich auf Touristen aus dem Norden eingestellt. Dennoch sollten Sie nicht gleich auf Deutsch loslegen. Ein freundliches *Scusi, Lei parla tedesco?* – „Entschuldigen Sie, sprechen Sie Deutsch?" – öffnet Herzen und Türen.

NACKT BADEN

FKK? Dieses Wort kennt man an den Oberitalienischen Seen nicht! Nackt zu baden ist verboten – auch wenn es an abgelegenen Flüssen zahlreiche Touristen trotzdem tun.

SORGLOS MIT OFFENEM FEUER UMGEHEN

In der Gegend gibt es oft lange Trockenperioden. Im Extremfall kann dann schon eine achtlos weggeworfene Zigarette einen Brandherd schaffen, der sich durch den Wind zum Flächenbrand ausweiten kann. Erkundigen Sie sich im Hotel oder bei der Touristeninformation über den aktuellen Stand in Sachen Waldbrandgefahr!

SAMSTAGS ODER MONTAGS EINKAUFEN

Am Samstagmorgen werden Lebensmittel eingekauft, am Nachmittag bummelt halb Italien vor den Schaufenstern: Die Innenstädte größerer Orte sind dann voller Menschen und alle Parkplätze belegt. Und denken Sie auch daran, dass in Italien am Montagvormittag die meisten Geschäfte geschlossen haben.

SONNTAGS UM DEN SEE FAHREN

Was der Samstag den Einkäufern, ist der Sonntag den Ausflüglern. Alle setzen sich ins Auto und strömen vom Piemont wie von der Lombardei an die Seen. Am Sonntagnachmittag steht der Verkehr – oft stundenlang.

GLEICH HINSETZEN

Bedienungen in Restaurants mögen es gar nicht, wenn Gäste auf einen freien Tisch zusteuern und sich ohne zu fragen hinsetzen. Warten Sie, bis Ihnen ein Platz vorgeschlagen wird. Der Service ist dann meist auch freundlicher.

GETRENNTE RECHNUNGEN VERLANGEN

Ein Tisch, eine Rechnung: In italienischen Restaurants ist es vollkommen unüblich, dass Gruppen an einem Tisch getrennt bezahlen. Machen Sie es wie die Einheimischen: Einer zahlt für alle. Die Rechnung wird nach dem Bezahlen geteilt.